U1068737

兰 君子之花

兰花奖
ORCHID AWARDS

志合者 不以山海为远

编委会

主　　任：杜占元

副 主 任：陆彩荣　陈　实　胡开敏

委　　员：辛　峰　刘双燕　尹　杰

编辑部

成　　员：蔡莉莉　王凤娟　袁　静

汀兰沁香

文明交流的使者（Ⅰ）

◎本书编写组　编

CIPG China Foreign Languages Publishing Administration 中国外文出版发行事业局
外文出版社 FOREIGN LANGUAGES PRESS

汀兰 沁香

文明交流的使者(I)

序

文明因交流而多彩，文明因互鉴而丰富。文明交流互鉴，是推动人类文明进步和世界和平发展的重要动力。

在人类漫长的历史进程中，各民族的文明扎根本国本民族的土壤，形成了各具特色的思想价值、发展理念和文明成果，犹如百花绽放在姹紫嫣红的世界文明百花园，散发着独具一格的璀璨光彩。在各国前途命运紧密相连、休戚与共的今天，不同文明包容共存、交流互鉴，对推动人类社会现代化进程、构建人类命运共同体具有不可替代的作用。

作为落实全球文明倡议、推动文明交流互鉴的重要举措，中国外文局发起设立兰花奖，旨在表彰奖励全球范围内为推动国际文化交流做出突出贡献的国际人士（或机构）。在中华文化中，兰花素有“君子之花”的美誉，中国常以“兰章”喻诗文之美，以“兰交”喻友谊之真。以

汀兰沁香

“兰花”为名奖掖国际文化使者，既是对获奖者品格与影响力的典雅礼赞，也道出了中外“兰交”般的文化联结、文明交流真谛。

首届兰花奖表彰的10位国际人士，来自全球五大洲不同国家，他们都长期致力于国际文化交流事业，是本国文化文明的传承者、新时代文明进步的推动者，也是世界文明多样性的维护者、跨文明交流互鉴的实践者。他们之中，有以曲传情的音乐家，凭借灵动的音符奏响人类共同的情感乐章，让美妙的旋律在不同文化之间流淌；有融汇中外、译著广传的翻译家，以语言为坚实之“桥”，搭建起不同文化间理解与对话的津梁，消除语言的隔阂，促进思想的交流；有潜心研究、笔耕不辍的教育家，以严谨的学术态度竭力探索世界文明的深厚内涵，为培养具有国际视野的人才贡献智慧；还有孜孜不倦、博古通今的汉学家，以深厚的学养和独到的见解，向世界展示中华传统文化的魅力与价值。

以心作船，以笔作桥。“兰花使者”们以实际行动积极践行全球文明倡议，弘扬美好的“兰花精神”，为繁荣世界文明百花园注入思想和文化力量。通过书中的对话和讲述，读者可以感受到他们为推动国际文化交流所展现出的智慧与担当。

面向未来，在人类应对全球性挑战、建设美好世界的壮阔征途上，更加需要我们弘扬和平、发展、公平、正义、民主、自由的全人类共同价值，推动多元文明和谐共存、互尊互鉴、交流交融、美美与共，让文明之光照亮世界和平发展之路。

杜占元

中国外文局局长

兰花奖评委会主任委员

汀兰沁香

文明交流的使者(I)

目录

1

兰花奖
ORCHID AWARDS

（美国）约瑟夫·波利希

Joseph William Polisi

音乐是跨越国界的语言，

将人类共同价值和共通情感化作音符节拍，

如兰之猗猗，扬扬其香，

以声动人心，相迎八方。

五十载如风似水，

他秉承艺术造福人类的信仰，

用拂煦人心的音乐涌动大洋彼岸的云，

为中美民间交流深情交响、桃李芬芳。

音乐不老、人生不辍。

· 音乐教育家、美国艺术与科学院院士

· 茱莉亚学院荣休院长、首席中国事务执行官

约瑟夫·波利希
Joseph William Polisi

约瑟夫·波利希艺术教育成就斐然，影响卓著。他是茱莉亚学院史上任期最长的院长（1984—2018），率领学院蓬勃发展，创办天津茱莉亚学院，为促进中美两国音乐教育交流搭建新平台、注入新动力。他曾任辛辛那提大学音乐学院院长、曼哈顿音乐学院院长及耶鲁大学音乐学院执行官；荣休后，现担任茱莉亚学院首席中国事务执行官。获首届兰花奖“终身荣誉奖”。

文化交流
与历史偕行

（美国）约瑟夫·波利希

无论是在和平时期与否，人类历史都离不开各种文化间的互动和交流，不同的社会群体生活方式各不相同，不同的文化也代表着多样的价值观。从史前时代至今，文化交流这一概念经历了巨大的变革，受到技术、宗教信仰、地缘政治及其他诸多因素的影响。这些文化交流活动推动着人类进步和发展，总体提升了人们的生活质量，为世界带来和平。

我父母都是表演艺术家，在他们的熏陶下，我从小就学习鉴赏并尊重多元文化。毫无疑问，美食是最易被接受和最具吸引力的途径。我们生活在美国多元文化圣地纽约皇后区法拉盛，因而能够有机会体验各地美食。

我父亲对中餐情有独钟。他喜欢带上家人去纽约市不同的中餐馆吃饭，我们的美食探索地包括曼哈顿的中国城、茱莉亚学院旧址附近的125街，以及法拉盛最热门的餐馆。这些体验不仅使我了解到与美食相关的文化风俗传统，还激发了我对了解多元生活方式持之以恒的热情。此外，我还常常和来自不同国家的同学们交流，了解不同国家的文化历史，这些经历极大地拓展了我的视野。

大学三年级时，为了体验新的文化和语言，我前往法国诺曼底大区的古城鲁昂留学。在那里，我学会了说流利的法语，并对法国文学产生了浓厚的兴趣。更重要的是，我在那里遇见了我的妻子——现在我们已经结婚 54 年了。到了大学四年级，我主修政治学专业，研究中国历史的杰出学者赫尔曼·马斯特博士（Herman Mast）为我们讲授了中国历史的重要事件和关键人物，为我开启了学习中国历史和文化的终身之旅。本科毕业后，我进入了塔夫茨大学佛莱彻法律和外交学院（Fletcher School of Law and Diplomacy）攻读国际关系学，获得硕士学位。在此期间，出于对中国的强烈兴趣，我撰写了一篇题为《1964 年中苏在坦桑尼亚的竞争》的长篇论文。尽管后来我在耶鲁大学又取得了音乐博士学位，开始从事艺术教育职业，但我对中国文化和政治的兴趣始终如一。

1984 年，36 岁的我很荣幸被任命为茱莉亚学院的第六任院长。很快，我便将对中国的兴趣转化为具体行动。1987 年，我组织了一次高水平的访华艺术巡演，茱莉亚管弦乐团成为首个在中国舞台上演出的美国音乐学院管弦乐团。

这次巡演规模很大。我们带着茱莉亚学院的 112 位学生访华，演奏了贝多芬的《第三交响曲》（《英雄交响曲》）、斯特拉文斯基的《春之祭》、斯特劳斯的《唐璜》以及巴托克的《第二小提琴协奏曲》等经典曲目。我们在北京、上海、广州和香港各地巡回演出，观众反应热烈、如痴如醉，每当我们第二次返场结束不得不离开舞台时，观众都会不约而同发出遗憾不舍的叹息。

我们还在中央音乐学院和上海音乐学院举办大师课，邀请一些最著名的教师授课，包括小提琴教母多罗西·迪蕾（Dorothy Delay）、茱莉亚弦乐四重奏团首席小提琴手罗伯特·曼恩（Robert Mann），以及长笛演奏家朱利叶斯·贝克（Julius Baker），学生们演奏了美国当代音乐作品中的室内乐。我们向中国观众展示了许多他们之前从未听过的伟大音乐作品，总之，这次访华演出非常特别，颇具纪念意义。

茱莉亚管弦乐团第二次访华演出是在 2008 年北京奥运会前夕。与 1987 年相比，这时的中国社会已经发生了巨大的变化。21 年前，中国的百货商场里还没有卡地亚、阿玛尼和范思哲等国际品牌，而今这些品牌随处可见；疾驰的汽车也取代了过往随处可见的自行车。

茱莉亚管弦乐团非常幸运，成为首批在当时北京新落成的国家大剧院演出的国际乐团之一。在乐团抵达中国前两周，四川省汶川县发生了

美国中华国乐团演奏中国民乐作品，中西方音乐领域的融合与交流已成为常态（张朔 摄）

震惊中外的大地震，为了表达对遇难者的哀思，茱莉亚管弦乐团在首演的开场演奏了塞缪尔·巴伯的悲情挽歌《弦乐柔板》，乐曲结束时，乐团成员和观众们共同默哀片刻。音乐如此强大而具有愈合力，它将所有人的心灵紧紧相连。

当时年仅 13 岁的钢琴独奏家陶祎文（Conrad Tao）——他现在已是知名钢琴家——演奏了一首技术难度极高的普罗科菲耶夫《第三钢琴协奏曲》，他演奏的柏辽兹的《幻想交响曲》也赢得了全场观众喝彩。音乐会的第二部分曲目还包括贝多芬的《第四交响曲》和勃拉姆斯的《第二交响曲》。这些曲目的难度和 1987 年的巡演曲目不相上下。

担任此次乐团巡演的指挥是杰出女指挥家张弦，她现在已蜚声国际舞台。

我们还与中央音乐学院的学生共同举办了一场“友谊音乐会”。由俞峰（现任中央音乐学院院长）指挥两只乐队合奏了两部中国作品，其中一首是钢琴协奏曲《黄河》，由当时就读于茱莉亚学院、现任上海爱乐乐团驻团作曲家的龚天鹏担任独奏。类似这样的文化交流活动为茱莉亚学院在中国长期发展奠定了坚实的基础。

此外，还有个值得一提的实质性长期项目——位于天津滨海新区的天津茱莉亚学院（TSJ）。这所学院拥有一座美轮美奂的一体化艺术中心，由美国迪勒·斯卡菲迪奥与伦佛洛建筑事务所（Diller Scofidio + Renfro）设计。学院颁发美国纽约茱莉亚学院的音乐硕士学位，并面向 8 至 18 岁学生开设星期六预科课程。此外，学院为国内职业管弦乐团、儿童音乐教育和成人音乐教育开办专业课程，并举办各种专业音乐节。

2008 年的全球经济大衰退对世界经济造成了严重影响，这促使我们开始考虑在其他国家建立茱莉亚学院分校。当时，茱莉亚学院的理事会主席布鲁斯·柯夫纳先生（Bruce Kovner）（他也是一位成功的金融家）

和我一起讨论战略举措，希望学院的课程和传统能够在纽约以外的地方得以继续发展，并增加课程的多样性来吸引新的受众群体。虽然茱莉亚学院的学生构成一直很国际化，平均有 30% 的学生来自美国本土之外，但要成为一所真正的全球性机构，学院必须积极向其他国家扩展，而不仅仅是让世界各地的音乐家来到纽约学习。

天津茱莉亚学院的诞生可以追溯到 2011 年 6 月。当时，毕业于北京大学和纽约大学的美籍华人张虹女士（Hong Mautz）担任纽约林肯中心的艺术顾问，专注于中美艺术咨询事业。在与时任天津市副市长崔津渡的一次会谈中，她得知天津市希望引进一所享有国际声誉的高等音乐学府。由于张虹女士曾作为顾问参与了 2008 年茱莉亚管弦乐团的访华巡演，因此她积极向崔副市长推荐了茱莉亚学院。

我们开展了深入的尽职调查，经过数年的谈判和筹备，天津茱莉亚

约瑟夫·波利希院长在天津茱莉亚学院大学预科晨会上发言

约瑟夫·波利希院长与预科生在周六晨会上的合影

学院终于在2015年宣布正式成立，中国知名歌唱家彭丽媛女士向校园落成典礼致贺信。2019年，天津茱莉亚学院的大学预科项目在天津音乐学院的临时教室启动。2020年秋，虽然正值新冠疫情在全球蔓延，但我们的研究生项目迎来了首批40多名学生。特别值得一提的是，在中国合作伙伴的大力支持下，天津茱莉亚学院美轮美奂的新大楼在疫情期间顺利完工，这非常了不起。

天津茱莉亚学院在探索传统与新兴艺术教育举措上扮演着催化剂的角色，对中国国内乃至东亚各国的音乐教育和表演艺术产生了积极影响。虽然学院的教学大纲和传统根基源自美国，但它也积极融入中国文化，将两国的伟大历史传统紧密联系在一起，超越了当下的地缘政治影响。学院的演出和教学成为思想交流的文化枢纽，各个年龄阶段的音乐家都可以在这里共同探索音乐的奥秘。与此同时，学院还通过国际化的视角为中国观众带来全新的音乐体验。

“音乐是人类共通的语言”这一说法似乎已是陈词滥调，但天津茱莉亚学院的故事再次证明：通过音乐所链接的人类共性，我们构建了一个卓有成效的机制以促进文化交流，这有助于缓解当今国际环境中的某些摩擦。

总之，开展文化交流是世界各国人民积极互动的重要途径。这些活动让人们理解并重视世界的多样性，从而更加尊重和包容他人的信仰。从不同的视角审视多样化的生活方式，往往能孕育并孵化创造力和创新力。毋庸置疑，当进行贸易和投资合作的国家和个人信任彼此的价值观和工作流程，并确信增进理解和提高透明度有助于发展业务关系时，经济效益也会随之增长。此外，文化交流还能激励个人从思维和行动上跳出“舒适区”，从而适应充满多样化元素的新环境。

当今世界，文化交流的形式包括旅游、留学、体育和艺术活动等，各种活动异彩纷呈。换言之，文化交流展现了生活在同一个地球上的人类的共性，尽管这个美丽的星球已经伤痕累累，但我们都有责任克服偏见、恐惧和无知，通过文化这个永恒的桥梁共同打造一个更加和平与富饶的未来世界。

对话

中国已成为西方古典乐教学的一个国际中心

美国茱莉亚学院是全球顶尖音乐学府，有“音乐界哈佛”的美誉。该学院首席中国事务执行官、美国艺术与科学院院士约瑟夫·波利希博士，长期以来坚持推动中美文化和教育交流合作。在2023年9月8日举行的首届兰花奖颁奖典礼上，波利希获颁“终身荣誉奖”。

波利希掌舵茱莉亚学院34年，是该学院历史上任期最长的院长。2015年，茱莉亚学院宣布在天津筹建该学院第一所海外校园。2018年6月，波利希成为该学院的首席中国事务执行官。波利希在专访中分享了他的艺术理念、教育观及对华文化交流的思考。

由加拿大卡尔加里等地近30个华人社团联合多个其他亚裔社团举办的“牛仔节·亚洲情”大型文艺演出在卡城中华文化中心登场（余瑞冬 摄）

记者：

您在担任茱莉亚学院院长期间，一再重申人文学科研究对音乐专业学生的重要性，鼓励他们广泛阅读。为什么人文学科的学习对音乐专业学生至关重要？是否与您自己的音乐成长道路有关？

约瑟夫·波利希：

我相信在年轻音乐家的教育中，智力成长与艺术成长同样重要。

对世界的广泛了解让年轻音乐家更好地明白一个事实——他们不仅拥有通过艺术创作积极影响全球文化的能力，同时也在传达音乐中体现了美好的人类价值观。无论是物理、文学、数学，还是音乐，音乐家的思想应该为分析过程做好准备，理解和诠释过去与现在的音乐，从中获取灵感用以未来的创新。

就自身教育而言，我很早就开始学习音乐，但我对历史和国际事务也很感兴趣。实际上，我的本科专业是政治学，并获得了国际关系硕士学位。

我于耶鲁大学获得三个研究生学位，包括1980年获音乐艺术博士学位、1975年获音乐艺术硕士学位及1973年获音乐硕士学位。我还在康涅狄格大学获得政治学学士学位，在塔夫茨大学弗莱彻法律与外交学院获得国际关系硕士学位。我为各种专业杂志撰写过大量学术和教育文章，并经常就艺术和教育问题发表演讲。我坚信，为完成学业课程而进行的这些学习和智力训练，增强了我作为表演音乐家和教育管理者的能力。

记者：

音乐教育应该培养什么样的艺术家？艺术将如何影响社会？

约瑟夫·波利希：

我希望世界各地的高等音乐教育机构培养的不仅是音乐家，而且是一个完整的人。今天和未来的音乐家，应该是那些运用他们掌握的艺术提高大众生活质量的人，应该是积极主动让全球社会了解音乐体验的丰富历史和文化元素的人。这些音乐家应该既是领导者又是教师，有责任为世界各地的观众带来在传统和非传统场所呈现的最佳艺术体验。

2005年，我写了一本书*The artist as Citizen*，中文译名是《艺术家引领社会》，这本书探讨了表演艺术家在引领与传播人类重要价值中所扮演的角色。我一直觉得，除了真正的舞台，艺术家有责任向大型社区展示自己的艺术，尤其是在医院、学校、社区、养老院等非传统场所。所以，相较于技术，我对沟通更感兴趣，对于那些能真正交流的人，艺术才能成为体验。

记者：

担任茱莉亚学院院长期间，您如何实现自己的理念？为此实施了哪些大胆举措？

约瑟夫·波利希：

我认为，在整体教育环境中，教师、管理人员和学生在项目和课程方面拥有发言权是极其重要的。我们强调社区拓展服务，特别关注被忽视的学生群体，启动了“茱莉亚筹款行动”，为增加学生奖学金和师资薪酬募集到 1.5 亿美元。

虽然我启动的一些项目不一定称得上是“大胆的”，但我们确实在本科阶段创建了全新的文科课程，强调阅读、表达和写作技能。

在我任职期间，我们在全院展开表演、舞蹈和音乐各学科间的跨学科互动；设立了爵士乐研究院，和林肯中心爵士乐团开展合作；设立历史音乐表演研究生专业，开发了一个导师制项目来扩展茱莉亚学生的艺术教育机会。

值得一提的是，我们在中国天津创建了分院，推动了在中国和东亚的实质性工作，成为创建音乐教育和表演新方法的催化剂。2015 年，天津音乐学院茱莉亚研究院举行揭牌仪式。2017 年冬天，我率领茱莉亚学院代表团专程赴华，和同事们不知疲倦地参与学院校园的工程建设，并积极推动美中两国间的人文交流。2020 年，天津茱莉亚学院迎来了首批研究生，成为少数几所在新冠疫情期间把国际师生带入中国的美中合作办学机构之一。2021 年秋季，天津茱莉亚学院举行了校园落成典礼。在典礼上，天津市政府还特别授予我“天津市荣誉市民”的称号。

2022 年 7 月 4 日，天津茱莉亚学院举行自成立以来的首场室外音乐会，吸引市民欣赏演出（佟郁 摄）

记者：

茱莉亚学院活跃于西方古典音乐教育一百多年，您对“东进”选择天津作为校区有何想法和要求？

约瑟夫 · 波利希：

多年来我一直明白，中国对西方古典音乐的研究和表演非常值得尊重。我坚信，在中国生活和工作的年轻艺术家和教师是西方艺术音乐取得成就的最佳典范。

在寻找茱莉亚学院分院的最佳场地时，我们考察了多个国家，而天津不仅拥有数千年的悠久传统，而且有着对未来的清晰规划，这些将使我们能在新校园中提供真正的“茱莉亚体验”。

天津茱莉亚学院近两年稳步发展，在这里，来自世界各国的年轻有为的音乐家们得以师从于享有国际声誉的教师们。

记者：

有西方媒体曾预言，古典音乐的未来，一定程度上取决于中国未来20年的发展，中国拥有庞大的观众基础和古典音乐表演基础。您如何看待中国的“钢琴大跃进”现象？您认为茱莉亚学院将对中国的音乐教育产生怎样的影响？

约瑟夫·波利希：

毫无疑问，中国已经成为西方古典音乐教学和表演的主要国际中心，而且这种现象在未来只会更加凸显。我一直将天津茱莉亚学院视为在中国及其他地区发展新的教育和表演举措的催化剂。天津茱莉亚学院完全有能力以这种方式发挥作用，我们期待与中国、东亚和世界各地的姐妹音乐学院进行实质性互动。

记者：

天津茱莉亚学院为中国传统音乐与西方音乐结合提供了怎样的平台？

约瑟夫·波利希：

我们认为，开发中国传统音乐的表演流程和程序，并将其与西方古典音乐相结合，为未来的观众创造一个强大且引人入胜的环境，这一点极其重要。

事实上，我们学院的徐昌俊院长是一位著名作曲家，他巧妙地将中国传统乐器与西方管弦乐队结合起来，创造了一种新的音乐流派。

今年，我们增加了与中国各地音乐学院的接触。5月下旬，我们在天津举办了管弦音乐会，邀请到十余所中外知名音乐学院的学生一起学习和排练。8月初，我们举办了国际钢琴节，来自中国各地的年轻钢琴家汇聚到天津表演、学习并参加研讨会。10月份，我们将再次邀请来自中国各地的音乐家和学者到天津参加乐理会议。

天津茱莉亚学院的办学理念基于美中两国携手共进、追求新理想、开拓新课程，以促进两国及世界文化发展。

（来源：中新社　撰稿：王肃宁、徐雪莹　2023年9月）

颁奖现场　访谈对话

天津茱莉亚学院的故事是中美两国为了共同的事业而合作的故事

2024 年是中美建交 45 周年。波利希认为，天津茱莉亚学院的故事是中美两国为了共同的事业而合作的故事，天津茱莉亚学院成立、发展，实际上是两种非常丰富的文化的融合，为中美合作交流提供了新的“创意”，两国人民一起工作、学习、玩耍，能更好了解对方，“我为此感到非常自豪”。

天津茱莉亚学院不仅教授西方音乐，许多课程设置和活动也为中国传统音乐与西方音乐的结合搭建着平台。波利希说，学院可以说是美中在艺术院校建设领域开展合作的开端，是将中国传统音乐同西方音乐艺术相融合的纽带。

2

兰花奖
ORCHID AWARDS

（墨西哥）白佩兰

Flora Botton Beja

有一种坚定，是气若兰兮长不改；

有一种热爱，是心若兰兮终不移。

她在年少时初识中华文化，在岁月中感知中华文明，

直至鲐背之年仍珍视这份中国情缘。

她是世界汉学的赶路人，用半百光阴奔走传颂中华文化，

以领军之姿奠基拉美汉学。

她是中拉友谊的铺路人，用女性力量谱写传播中国故事，

以铿锵之声助力西语世界认识中国。

蕙心兰质，衔华佩实。

· 汉学家

· 墨西哥学院亚非研究中心教授

白佩兰

Flora Botton Beja

白佩兰学术成果丰硕，长期从事中国传统文化和中国问题研究，为墨西哥汉学研究培养大批中坚力量，堪称伊比利亚美洲传统汉学创始人和领军人物。她译介中国儒学经典，著有《中国简史》和《儒学简史》，并对中国现当代文学趋势进行研究分析。其研究成果潜移默化地影响着墨西哥民众，特别是影响着西语界读者“中国观”的形成。获首届兰花奖“杰出成就奖”。

恒久的旅程

（墨西哥）白佩兰

2021年，我和两位同事一起编著的新书《儒学简史》付梓出版。这本用西班牙语写作、面向大众读者的普及性读物旨在告诉西语读者，中华文明史与儒家思想二者紧密相连，儒家思想深刻地影响着中国人的世界观、生活方式，以及中国的政治体制，也从一个侧面反映了中华民族的凝聚力。

我与中国，有着不解之缘。1964年2月，我踏上改变一生的探索之旅，参加了联合国教科文组织发起的“从东方到西方”科研项目，从此正式开启汉学研究之路。

这个项目为期两年，项目成员们如饥似渴地了解亚洲和北非的历史、文化、社会、地理等概况。我们学习了埃及历史、中国哲学、印度殖民主义、阿拉伯民族主义等方面的课程。大家无法抗拒学习的魅力，那两年的收获让我们受益终身。

那时还没有线上资源，要白手起家建立一个图书馆对我们来说是一个巨大的挑战。通过各种渠道——购买、捐赠、私人收藏——图书馆的馆藏种类越来越丰富，这个图书馆在西语国家中至今也是数一数二的。很快，《东方研究》（今《亚非研究》）也创刊了，在英国深造并入职墨西哥学院后，我开始在这本杂志上发表一些论文和翻译作品。在伦敦大学亚非学院的三年里，遵循学院在古典文学研究领域的深厚传统，我学习了现代汉语、古代汉语、哲学、日语以及许多和传统中国文化相关的科目。回到墨西哥城后，我加入墨西哥学院，成为一名教师，该学院通过聘请像我一样在其他国家接受过教育和培训的拉丁美洲人，逐渐代替外国客座教授。

1969 年，我被任命为墨西哥学院亚非研究中心教授兼研究员。对我而言，探索世界不仅在于冒险和丰富阅历，更多意味着传播：我和我的同事们应该分享我们所学到的东西。

作为一名教师和研究员，我必须承担许多开创性的任务：首先是每天必须学习和与时俱进，才能授以学生更多；在新领域培养未来一代又一代的专家；授人以渔，使学生今后能成为墨西哥大学和其他西语国家高等院校教学主题和项目的发起者；编写资料、写作和翻译。我最大的愿望是读懂中国，因此我必须学习中国历史和哲学传统。在风云变幻的世界格局中，中国或许是近百年来变化最大的国家。过去的 40 多年里，中国一直在持续转型，研究当代中国意味着汉学家们必须不断与时俱进，否则我们的研究能力就赶不上中国变化的步伐。众所周知，要准确描述中国经济、政治、社会和文化的演变历程，我们得追溯到毛泽东领导的中国革命，而 1949 年中华人民共和国的成立标志着中国进入到新的历史时期。

然而，中国在 1949 年之后是否抛弃了所有的传统和历史？汉学家们也常常思考中国的文化传统和思想是否得到了延续。当无法在西方国家找到关联性的情形时，当尝试理解“中国社会主义道路”“文化大革命”或新中国的变化时，汉学家们总是试图从过去寻找答案，希望从而能够解释现在。几千年来以文学和艺术形式体现的中国文化不会被轻易抹去，毛泽东对文化遗产就十分关心，在《中国共产党在民族战争中的地位》中“学习”一节，他写道：

> 学习我们的历史遗产，用马克思主义的方法给以批判的总结，是我们学习的另一任务。我们这个民族有数千年的历史，有它的特点，有它的许多珍贵品。对于这些，我们还是小学生。今天的中国是历史的中国的一个发展；我们是马克思主义的历史主义者，我们不应当割断历史。从孔夫子到孙中山，我们应当给以总结，承继这一份珍贵的遗产。

1972年，墨西哥和中国正式建交，听到这个消息，我非常高兴——自己终于可以去中国认识和了解这个研究多年的“老朋友”了。同年，我获得了两年期奖学金，赴美国密歇根大学攻读博士学位，该大学的中国研究中心在中国传统文化和近现代史领域颇具影响力。这段经历非常宝贵，我对中国哲学、文学和近现代史进行了深入研究。

1975年冬，我终于梦想成真。有一天，时任墨西哥驻华大使欧亨尼奥·安吉亚诺（Eugenio Anguiano）邀请我对中国进行为期六周的访问。这趟旅行的重要性无法言喻，我的行程十分紧凑、争分夺秒，我去了北京所有的角落，参观了在文学和历史书中读到过的地方，前往西安、洛阳、上海和苏州旅行。我如此真切地感受到中国的存在——它不再仅仅存在于想象之中。在这次难忘的中国行之后，又过了三年，我终于有机会实现在中国生活一段时间的梦想：墨西哥学院和中国外交部达成协议，资助教授们在自己感兴趣的研究对象国度过学术年假。于是，1978年，我作为墨西哥驻华大使馆的第一位文化参赞来到中国。

作为文化参赞，我的职责是管理日益增多的教育交流项目，组织和筹备墨西哥外交部发起的文化活动，如艺术展览、艺术演出、电影活动等。我结识了一些其他大使馆的文化参赞，很快就建立了一个庞大的使馆朋友圈，这些外交官都很了解中国，我向他们学到很多。记得一位在“文革”期间到中国留学的波兰外交官，他给我讲了很多那个时期的轶事，他还是中国戏曲的忠实拥趸，每当我参加戏曲活动时，他都会教我如何欣赏戏曲表演。我还记得和梅宝琛——梅兰芳的儿子——见面的情形。不久之后，我还被邀请加入一个“汉学家俱乐部”，我们每个月都会在只有中国顾客的特色小餐馆共进午餐，品尝各种特色菜。

星期天是郊游日，明十三陵是我们常去野餐的地方之一。各个使馆对陵墓有不同的偏好，和法国朋友面对永乐皇帝的陵墓举杯共饮香槟，或用龙舌兰酒纪念万历皇帝的情景还历历在目。香山也是一个极佳的去处，那里树木繁茂，寺庙在山林里若隐若现，一步一景。当然，北京城区的寺庙、宫殿、公园和风景如画的小巷也让人流连忘返。

1978年，白佩兰和朋友们在泰山（白佩兰供图）

在第一年任期结束时，我通过协商又延长了一年，不过，我依然觉得时间过得太快，不愿离开。那些年，中国发生了很多具有变革意义的大事件，不断带来惊喜。我们必须记住，邓小平在1978年指出中国应该走“四个现代化”道路，即工业、农业、国防和科学技术现代化。中国在全新的方向上大步前进，还对“文化大革命”时期的极左思想提出批评。

那时我的工作职责之一是为墨西哥撰写关于中国文化和教育活动的报告。在那个逐渐开放的时代，平面艺术、戏剧和舞蹈的表现形式越来越丰富，有很多值得记录的内容。1979年10月30日至11月16日，中国文学艺术工作者第四次全国代表大会在北京举行，我写了一篇有史以来最长、最详细的报告：“这次代表大会是‘文化大革命’后的第一次代表大会，在某种程度上，它将决定今后几年中国文艺创作的指导方针和规章制度……参会者名单涵盖了中国文学、艺术、音乐、戏剧和电影制作领域最杰出的人物。在这份名单上，我还发现了一些被长期边缘化和遗忘后重返公众视野的重要人物。”

两年半后，尽管万分不舍，我还是不得不对中国说再见，回到墨西哥城。中国永远是我记忆中刻骨铭心、难以忘怀的地方，在这里我度过了人生中最愉悦的时光。值得庆幸的是，这不是最后的告别，后来我又多次回到中国进行短期访问、休假和参加会议。在我心中，我总觉得应该回家，回到这个让我有持续的新发现和建立了深厚友谊的国家。

20世纪80年代，中墨关系不断发展，两国之间的来往日益密切。中国学者来墨西哥访学和旅居已经成为常态，我们的学生也能去中国提升中文水平并攻读学位。在此期间，我撰写并出版了重要的著作《中国，1800年前的历史与文化》——这本书成为所有西班牙语国家采用的教科书。80年代初，墨西哥对中国当代文学几乎一无所知：首先是缺乏翻译作品和人文交流；其次，由于墨西哥学者普遍对社会主义国家的艺术作品持有偏见，导致墨西哥作家和读者对 1949 年后的中国文学漠不关心。除了一些中国出版的译著和在《中国文学》杂志上发表的以“社会现实主义”风格为主的短篇小说，几乎没有其他中国作品的西班牙语译本。然而，70 年代末一种新型文学在中国诞生，带来了全新的文学形式和主题，作家王蒙就是这个时期最杰出的代表人物之一。

1982 年 6 月，王蒙的一位朋友在墨西哥，这位朋友是一位来自中国的学者、作家，在他的帮助下，身在美国的王蒙受到墨西哥学院邀请，赴墨参加会议。2001 年，王蒙在 19 年后重访墨西哥，我很幸运地和这位伟大的作家成为朋友，这次访问也再次激发了人们对他作品的兴趣。在他首次访问墨西哥后的几年里，他的文学作品被翻译成 20 多种语言，并获得了许多奖项和国际认可。王蒙总计出版了约 60 部作品，包括 7 部长篇小说、10 部短篇小说集，还有诗歌、散文和评论等。

从中国回到墨西哥城时，我就打算将学习和研究当代中国作为主要研究方向，因为我既不是政治学家也不是经济学家，所以我决定研究社会、家庭和女性。20 世纪 70 年代，我对墨西哥已经开始关注的欧洲和美国的女权主义发展颇感兴趣，积极参与了墨西哥学院一个新的女性研究项目建设过程，即现在的性别研究中心。80 年代，中国学者也开始涉足新的研究主题，包括性和女性研究。我很幸运地认识了一些从事该领域研究的先驱人物。其中一个是研究性主题的社会学家刘达临教授，我参观过他在上海的博物馆，这个博物馆后来搬到了同里；另一个是来自中国人民大学的社会学家潘绥铭教授，他发表了不少关于性行为研究的文章。这两位学者都对性社会学开展了实证研究，这在当时的中国是一件新鲜事。我还曾与性别研究先驱李小江教授进行过深入交流，1992 年我邀请她访问了墨西哥。

白佩兰关于中国的部分作品
（白佩兰供图）

1987 年夏，在中国教育委员会的支持下，我和两位同事罗默·科尔内霍（Romer Cornejo）和利利亚娜·阿尔索夫斯卡（Liljana Arsovska）前往中国，开展对当代城市家庭的研究。我们计划发放 100 份问卷，在中国的 6 个城市开展 10 次全面访谈，以获得一份关于中国家庭观念的小样本。我们以中国人民大学为大本营，访问了北京、哈尔滨、济南、南宁、西安和深圳。人大安排了一位年轻的社会学家陪同我们，协助与当地机构取得联系。这是我人生中最有收获的经历之一，尽管这个研究有其自身局限性，但我们还是收集了大量可用于分析研究的信息。

最近几年，我很高兴地看到关于中国的研究在几个拉美国家取得长足发展，这些研究大都是由墨西哥学院毕业的学生牵头进行的。中国文学的翻译文本虽然增加很多，但读者的兴趣也与之成正比。这也是我个人职业生涯非常活跃的一个时期：参加各种学术会议，多次前往中国，出版了许多著作——它们都与我长期感兴趣的主题相关：历史、哲学、宗教、文学以及社会和女性。在新冠疫情暴发期间，我们坚持开展线上授课，也非常高兴可以通过线上形式参加国际和地区性会议。我撰写了很多文章，此外，2012 年编著了《中国简史》，2019 年撰写了《中国散文选集》，2021 年与塞维拉、陈勇合著出版了《儒学简史》。

长话短说，这就是我的故事，也是毕生致力于中国学教学和研究的故事。很久以前，当我选择将中国作为研究对象时，也许更多的是出于直觉，并没有太清晰的个人规划和目标，但这是我从未后悔过的决定。我逐渐意识到，人生太短而中国的故事太长，我可能还是无法了解想知道的一切。不过，在教授了 29 届学生后，我觉得自己的努力是值得的，满足感与日俱增。我的学术生涯或许可以概括为“我与中国的爱情故事”，如此恒久而专一。虽然我已不再年轻，但直到生命的最后一刻，我仍将继续研究中国文化，探索新的领域。

白佩兰参访广州（万全 摄）

对话

理解当代中国为何须与传统贯通?

现年 90 岁的白佩兰，是墨西哥乃至拉美汉学的奠基人和领军人，从事中国研究 60 年，门生遍布拉美各国，现为墨西哥学院亚非研究中心教授。2023 年 9 月 8 日，在首届兰花奖颁奖典礼上，白佩兰获得“杰出成就奖”。

白佩兰讲述了她与中国结缘的故事，并回首中墨文化交流历程。她认为，中国有一套完整的传统文化，必须理解它才能理解中国的当下，才可以理解这个悠久的文明。

记者：

20 世纪 60 年代初，您参与了联合国教科文组织的科研项目“从东方到西方”。该项目的研究内容涉及到亚洲多国，为何最终选择中国作为您的研究对象？

白佩兰：

1963 年我获联合国教科文组织奖学金，在墨西哥学院攻读东方研究硕士，从此与中国文化结缘。确实，我可以选择印度、日本、中东等等，但我选择了中国作为研究对象。我从未后悔过我的选择。

我对中国的兴趣起源于少时。我小时候阅读了很多关于中国的小说。有一位美国作家从 20 世纪 30 年代起就非常有名，叫赛珍珠（Pearl S. Buck）。她是美国传教士的女儿，在中国长大，很懂中文，基于所见所闻描写中国乡村生活。我曾读过她最有名的小说《大地》（The Good Earth）法文版。从那时起，我便牵挂这些生活在遥远地方的人，他们是如此不同。我认识到中国女性的生活曾经十分艰辛，受尽压迫，而中国的革命对改变中国女性的命运至关重要。

一开始，我对中国了解不深，只知道很多人写过关于中国的内容，知道革命如何改变中国，也很钦佩毛泽东在其中的贡献。而当我开始研究中国时，我发现这个国家有非常丰富的传统文化。我想到，让世界了解中国的一种方法就是让世界了解中国传统文化。此后，我开始关于中国历史的研究，教授中国哲学很多年。

记者：

1981 年至 1987 年，您曾担任《亚非研究》季刊主编，其间致力于中国经典作品的翻译工作。您是如何开展这项工作的？

白佩兰：

20世纪80年代，墨西哥几乎没有直接翻译的中国古典作品，有一些是天主教传教士译介的，但在某种程度上受到了基督教意识形态的影响，与文本原貌存在差异。我陆续翻译了《孟子》《荀子》《墨子》和一些唐传奇，这些翻译作品让墨西哥人，以及其他西班牙语国家的许多人对中国传统和文学产生兴趣。

翻译中国古典作品有很大难度，需要查字典、看大量资料。历史上，关于这些古典作品，有很多词源学著作，都是从自己的角度来阐释。所以我必须看很多材料，比较各种译法，尽力保证翻译后的含义最接近我所理解的它本来应有的含义——虽然我们没有人能百分之百确切知道孔子的原意，但是可以通过他的弟子，通过别人对他的评价或注解等来理解孔子。

记者：

您于1975年首次访华，在此之前您是在“书本中”了解中国。您

天安门（任建成 摄）

觉得这与现实的中国有何不同？

白佩兰：

书本上的“中国”变成了眼前的现实，当时我就像来到了一片“应许之地”。虽然当时我和中国人没有太多直接接触，而且还要经过特别许可、有导游陪同才能出行，但我还是很开心。想象一下那种感觉：你读过关于秦国的历史，然后真的去了西安秦陵；读过20世纪30年代的赛珍珠小说，然后真的去了上海；看了毛泽东宣布中华人民共和国中央人民政府成立的照片，然后真的参观了天安门。

记者：

1978年，您被任命为墨西哥驻华大使馆文化参赞。2020年，在第五届墨西哥汉语教学国际研讨会开幕式上，您获得由墨西哥学院颁发的特别贡献奖。您对于驻华工作有何记忆？如何见证中墨文化交流进步？

白佩兰：

1978年，中国进入新的阶段。当时我访问了几所学校以开展教育项目，走进了北京热闹非凡的文化胜地，看到老戏重演、焕发生机。那段时光令人难忘。

45年前，墨中文化交流规模很小，墨西哥人对中国知之甚少，政府也只是对发展贸易感兴趣，对其他领域了解不多。

所以我所在的墨西哥学院里，有幸设立一个项目，称为“东方研究”（Oriental Studies），后来我们不使用“东方”（Oriental）一词，改为“亚洲”（Asian），因为“东方”是一种欧洲的说法。我在这个项目中接受学术训练，然后去英国、美国等地进修。回国后我开始教学，身边有来自拉丁美洲各地的人来学习语言并了解亚洲。在中国学研究方面，我们培训了来自拉丁美洲各地的很多人，甚至有西班牙人——那时西班牙也没有中国学研究的专门项目，墨西哥学院建立了拉美大陆的首个中国学研究学术机构。

所以，我们像是在黑暗中发出的一道光。我做过一个类比，就像一个中国僧人去印度学习佛教然后回来教佛学一样，我们做了类似的事情。我们教授人们关于中国的学问，学生们回到各自的国家并设立专门的研究项目。在整个拉丁美洲，我的学生纷纷开启中国学研究。

记者：

自您开始执教至今已五十余载。半个多世纪的时间里，培养了一批又一批墨西哥中国研究的人才。您对今后中墨两国文明交流互鉴有何期待？如何定位中墨文化交流中自己的角色？

白佩兰：

墨中建交已有五十余年。我可以很高兴地说，无论是经济关系、政

白佩兰和她的学生们（白佩兰供图）

治关系、学术关系，墨中在各个方面都有大量交流，其中包括交换学生、奖学金设立、访问学者、旅行、语言学习……

自古以来，汉学家就是通过学习语言、翻译汉文来传播中国文化的学者。古代的汉学家是专门研究中国传统文化的专家，现在这个词被广泛地用于任何研究中国的学者，包括研究当代中国。

现在有很多人想学中文、到中国旅行、阅读有关中国的文章。我在墨西哥的学生在不同的大学教中国文化，他们中的大多数人正研究当代中国。我的角色则是，从传统中国出发研究当代中国。中国有一套完整的传统文化，必须理解它，才能理解现在中国正在发生的事情。悠久的中华文明的鲜明特征之一就是它的连续性。

我出生在希腊，希腊属于西方文明，但现代希腊并非古希腊文明的直接继承者。再如中东，他们曾属于巴比伦王国和亚述帝国，但现在那片土地上的现代国家没有传承下完整的文化体系。中国则不同，在中国，人们能看到古今一致的文字体系不断发展，文化传统依然以多种形式存在。文明的连续，这是中国的奇妙之处。正因为此，如前所述，我既研究传统中国，也研究当代中国社会。

（来源：中新社　记者：韩禹、徐雪莹、王宗汉　2023 年 9 月）

颁奖现场

让世界更加便利地走近中国文化

2021 年，白佩兰和两位同事一起编著的新书《儒学简史》出版了。这是一本用西班牙语写作，面向大众读者的普及性读物。就在 2019 年，中国外文局和墨西哥图书馆携手创建了中国图书中心，包括《大中华文库》《漫画丝绸之路》等在内的一千余种中、西、英文图书入藏墨西哥图书馆，涵盖了当代中国国情、中国传统文化、中国文学、对外汉语教学等多个类别。和几十年前相比，今天的墨中文化交流更加繁荣，作品翻译、版权贸易蔚为大观，墨西哥读者能够更加便利地走近中国文化。

3

兰花奖
ORCHID AWARDS

（英国）大卫·弗格森

David Ferguson

翻译促进人类文明交流，

如幽兰香风远，包容万象，如烟霞贯长虹，跨越山海。

他远道而来，观中国、走中国、译中国，

十五年步履不停、笔耕不辍。

他精益求精，用客观深刻的理解和准确传神的翻译，

树立中国话语英文译写的新典范，

让世界更好地认识可信、可爱、可敬的中国。

他是大美中国的讲述者和译介者，

也是中国式现代化的见证者和传播者。

以译为友，连接中外。

·外文出版社荣誉英文主编
·国际传播专家

大卫·弗格森
David Ferguson

大卫·弗格森用客观深刻的理解和精准的翻译，让世界更好地认识中国。他参与《习近平谈治国理政》等多部中国领导人的重要著作、政府白皮书及中国主题图书的译文改稿工作，其深厚扎实的语言能力，得到了翻译界和国际传播界的广泛认可。他曾担任记者，并撰写了《从贫困到富饶：甘肃美丽乡村蜕变记》《生态北京：绿韵新城》等多部作品，以多语种形式在全球发行，在国际新闻和传播领域具有重要的影响力。获首届兰花奖“杰出成就奖”。

走进中国

（英国）大卫·弗格森

自2006年起，我大部分时间都在中国生活和工作。2008年后，我常居北京，起初在中国国际传播集团旗下的中国网担任记者和编辑，后来入职外文出版社继续从事写作和编译工作。

我在中国已生活了18年，这段经历足以写成一本厚厚的回忆录。在这里，我想分享的是第一次来中国的缘由、在中国的早期生活、我的观念如何转变，以及我逐渐成为这个伟大国家文化传播者的过程。

自从来到中国后，我就开始撰写关于中国的文章。迄今为止，已出版了8部关于当代中国的书籍，在各种刊物上发表了许多文章，曾在各种会议和活动上多次发表演讲，为大学生、政府官员、专业机构和其他团体举办了几十场讲座，还多次参加媒体发布会，并接受采访。

我与中国的缘分要追溯到2003年春。当时，我在英国东北部的赫尔（Hull）遇到了我的妻子，她来自中国东北的吉林省吉林市。我们于2004年订婚，同年5月，我首次前往中国拜见未来的岳父岳母。

大卫·弗格森参加 2023 凯乐石莫干山跑山赛

在此之前的20年里，我主要从事管理顾问工作，因公走遍世界各地，唯一没有涉足的地方只有南美洲。

20世纪70年代末，我在大学里攻读的是法律专业，毕业后最初在位于伦敦南岸的壳牌公司总部的知识产权部门工作了一段时间（至今还记得我的员工编号——RSPLT/3）。在此期间，我逐渐发现自己并不喜欢任职于大公司并从事那种墨守成规、晋升缓慢的职业，于是，我踏上了寻求更多可能性和变化的人生旅程。

我选择了当一名管理顾问，因为这样可以在世界各地旅行和工作。从那时起，我在家乡苏格兰的居住时间总计大约只有五年多。

在国外生活和工作期间，我会尽可能遵循一些简单的个人原则：我从不认为自己高人一等，因此不会刻意避免与其他外籍同事交往，但是我不会居住在外国人聚居区，也不会居住在本国人的聚居区。我尽量学习当地人的语言，遵循他们的风俗习惯。只要不与我的个人原则相冲突，无论这些习俗是否符合我的喜好，我都会保持应有的尊重。

在我看来，如果你做不到这一点，那么最好去别的地方生活，或者就待在自己的家乡。我想，这些基本礼节对来到我自己国家的游客和移民同样适用，而我在其他国家生活时也会这样要求自己。

我会说好几种外语，比如德语、意大利语、法语，努力保持相对开阔的国际视野，对世界充满好奇心和热情。然而，当我第一次踏上中国的土地时，对这个国家、它的人民和历史还是几乎一无所知。中国实在是太大了，也太远了！它从未真正进入过我视线的“雷达”——在此之前，最接近它的一次经历也不过是我在印度尼西亚工作的那几个月。

那时候我的脑海里对这个充满异国情调的国度印象大约是这样的：广袤无边的稻田中有几块现代化飞地，比如香港、北京和上海，数亿面色苍白的农民过着能勉强维持温饱的生活……

我在2004年对中国持有的无知和成见在一定程度上也反映了多数西方人在今天对中国的看法。他们中只有极少数人亲自来过中国，因此，他们对中国的了解主要来源于西方媒体和政客的描写——而这些描述几乎从未提供任何积极有效的信息。

我认为，如今我从事的工作有助于扭转这种局面。通过文字和演讲，我试图以一种积极的方式展现中国及其文化：有时关注严肃主题，有时讨论轻松愉快的话题，既深思熟虑也能直言不讳，必要时也幽默风趣。

有时我也感到不可思议，作为一个见多识广、视野开阔的人，在这个星球上生活了近50年，为什么对这个世界上最大的国家之一仍然如此无知。当然，多年来我一直忙于工作，曾经有过的短暂家庭生活是在法国乡村的一个农舍里度过的——法国乡村肯定不是全球的中心。但我认为其中的原因并非如此简单。

自1978年改革开放以来，中国的经济增长显著，但基准起点较低。从发达国家的角度来看，中国在绝对经济指标方面甚至还未达到起跑线。在我从事的特定行业中，当时中国的企业既不需要也没有能力支付我们所提供的服务。从专业角度来说，那时候没有任何理由吸引我去中国工作。

然而，这并不意味着我身边没有关于中国的信息，只是人们往往需要一个理由才会去搜索相关信息。直到21世纪初，发达国家，特别是美国的战略家们开始真正接受这一事实：中国的增长势头不会停止。那时的中国已不再是地平线上一个不起眼的小点，而是一个正快速全力前进的国家，它在西方的视野中越来越显眼，增长速度已经远远超过许多发达国家。如果这一趋势持续下去，中国迟早会超越德国、日本甚至美国这三位“老大哥”。

在某个时间节点，在世界的某个地方，总会有某个人决定“我们需要做点什么”。我刚搬到中国不久，中国就开始频繁出现在西方主流媒体的报道中，但这些报道似乎对中国持有越来越深的敌意。

或许可以这样说，曾经的无知并非完全是我的过错。无论如何，任何了解中国的人都会明白，我的想法与现实几乎毫无相似之处。显而易见的是，尽管我对这个国家的状况存在某些误解，但我并没有任何不可告人的动机或试图推销某种立场。我怀着开放的心态，准备接纳我所看到的中国。

这个充满魅力的东方大国等着我去探索。抵达北京办理完入关手续后不到一个小时，我妻子的一个好友便来接我们。当时已是上午11点，正是中国的午餐时间，她坚持要带我们去餐馆吃午饭。由于时差、长途飞行以及尝试借酒入睡但又徒劳无功，我感到非常不舒服，我的生物钟还停留在凌晨4点，完全没有胃口。但众所周知，中国人的热情好客让你完全无法拒绝。

来到餐厅，朋友点了许多菜，我第一次在正宗中餐馆里尝到了一道正宗的中国菜——凉拌泡椒鸡爪。中国人以吃各种奇特的食物而闻名，对此我早有耳闻，但我从未听说过他们会吃鸡爪，更难以理解为什么竟有人吃这样的食物。我茫然地盯着面前的鸡爪，心里疑惑不已：到底该怎么吃呢？它到底是什么？骨头、爪子、皮和软骨？天呐！他们还不如给我上一盘石头。尽管如此，入乡随俗，我还是尽力小心翼翼地啃着鸡爪。该怎么形容它的味道？实在难以描述，大家尽情发挥自己的想象力吧。

中国人视鸡爪为一道美味佳肴，我有一个朋友很认真地说过这是她最喜欢的食物。我当然不至于最喜欢吃鸡爪，但经过多年熏陶，我现在也能接受它们，甚至能吃辣味的。在此，我想给西方所有鸡肉加工企业家一个简单可行的建议：别再扔掉宝贵的鸡爪了，那真是太傻了，你们只需要把它们洗干净、冷冻干燥并真空密封包装，然后运往中国，就能稳赚不赔。

在北京短暂停留后，我们前往我妻子的家乡——吉林省吉林市。后来，当我最终以长期居留的身份来到中国后，头两年的大部分时间也是在这个城市度过的。

大多数外国人从未听说过吉林市，甚至一些中国人也并不了解这座城市。

吉林省位于中国东北部，人口 2300 多万，不到英国人口的一半。

吉林市距北京 1000 多公里，人口不到 400 万。这里工业种类繁多，主要集中在石油化工领域，但它拥有世界上最大的燃料乙醇工厂之一，拓展利用玉米秸秆生产乙醇。那时的吉林，就一个普通的东北城市。

初来乍到，吉林市以它的平凡无奇给我留下了深刻印象。在某种程度上，我对这个城市如此缺乏异国情调感到有点“失望”；但从好的一面来看，我没有见到“面无血色”的农民——这和想象中完全不同。

吉林人也不怎么穿中山装，大多数人衣着靓丽，和英国城市街头人们的打扮穿着非常接近，甚至服装品牌也一样。购物中心的数量与同等英国城市相当，在一条大型步行街上既能看到西方常见的品牌，也有很多中国本土品牌。

市场的种类也很多，尤其是几个大型食品市场，各种新鲜食品应有尽有。食品种类比北美或西欧的大型超市丰富得多，而且物美价廉。吉林省是中国的主要粮仓之一，玉米、小麦和大米产量丰富——这里没有人会挨饿。这里的居民无论是警察、教师、工程师，还是工厂工人、市场摊贩等，都有自己平凡愉快的生活。

我不敢声称也并不认为是这些经历让我拥有其他外籍人士所不具有的独特视角，但我可以肯定地说这代表了一种与大多数外国人不同的体验。

2006 年，我终于再次来到中国，打算在这里工作。我是在 1 月 1 日到达的——这是新一年的开始，也标志着我人生新纪元的起点。

对我而言，中国是一片充满机遇的热土。

我发现，中国社会似乎比我预期的要宽松得多。尽管我没有稳定的经济来源，但我和在英国出生的小儿子很顺利地在中国取得了合法居住权，在寻找有报酬的工作过程中，我也没有受到任何干涉。

例如，银行开户手续的简单便捷让我特别惊讶。我之前准备了一些现金，一到吉林就带着身份证明去银行开户，结果不到 20 分钟就开了户并拿到了有效的借记卡。

在中国的头两年，我还亲身证实了一个常识——中国并不是一颗摇钱树——但我怀疑西方国家可能在过去和现在普遍都持有这样的误解。

你不可能在下飞机后就开始在停机坪上“捡钱”，然后过一阵摇身成为富翁重新登机飞回家。

到了 2008 年春天，我开始寻找一份正式的工作，我妻子刚好看到了中国网的一则广告，招聘以英语为母语的新闻记者 / 编辑。

我有相关工作经验，对中国的媒体工作有浓厚兴趣，于是决定前去应聘。

人生充满了偶然，2008 年 4 月我已经来到北京，准备开始全新的职业生涯。这条道路精彩纷呈，充满各种曲折和艰辛，也带给我许多挑战和机遇。无论怎样，我从未对自己的决定产生过哪怕一丝后悔。

在之后的几年里，我参与报道了汶川地震、北京奥运会、上海世博会等大事件，也前往多个省份进行调研采风，记录那里的变化与发展。2010 年入职外文出版社后，我参与《习近平谈治国理政》第一至四卷英文版的译改和审校，也撰写了多部纪实类书籍，工作重心由新

大卫 · 弗格森在浙江调研采风（肖艳艳 摄）

闻报道转向编辑出版。然而，无论是记者、翻译、编辑或是作者，这些身份都给了我极佳的平台，去观察和记录真实的中国。

在我看来，社会制度保障、基础设施建设和人民积极的心态是中国获得成功十分关键的因素。中国特色社会主义制度的保障，让这个国家得以制定一个个长期目标并为之接续奋斗；基础设施建设是从贫困走向繁荣之门的第一把钥匙；很多中国人身上的韧性和进取心促使他们获得了最终的成功。

我在获得兰花奖后曾说过这样一句话："我们致力于发展、繁荣、世界和平。" 孤立导致不当竞争和敌意，交流带来理解和友谊。西方世界的许多人应放下偏见，积极走进真实的中国，我也将继续用国际社会易于理解的语言，将真实的中国传播出去。

对话

讲述中国故事
如何引发心与心的情感交流?

2023年9月8日，首届兰花奖颁奖典礼在北京举行。英国籍翻译家、外文出版社荣誉英文主编、国际传播专家大卫·弗格森荣获“杰出成就奖”。

在华从事英文编译工作十余年，大卫·弗格森视自己为讲述中国故事的一员。他如何看待中国近些年来发生的变化？讲述中国故事如何引发心与心的情感交流？如何看待中国在国际传播中面对的被“污名化”问题？在专访中，大卫·弗格森就如何让外国读者读懂中国与记者展开问答。

记者：

在华从事英文编译工作 15 年，您如何看待这一工作在对外讲好中国故事中的作用？

大卫 · 弗格森：

2022 年是外文出版社成立 70 周年，我和其他几名外国专家一起给习近平主席写了信。习近平主席在给我们的回信中强调了翻译的历史作用，他谈到了中国历史上佛经汉译，也谈到了翻译在政治方面的重要影响和马克思主义经典翻译传播，还谈到了翻译在当代的重要性。习近平主席一直强调要“讲好中国故事”，要做到这一点，需要高超的翻译技巧。

如今，中国大部分国际传播都是通过英语进行。要向外国读者讲述中国故事，让精通语言和了解文化的人参与其中，显得尤为重要。在我看来，中国拥有一大批学习和从事外语工作的优秀人才。我们应将其视为可以积极利用的资源，真正将翻译作为具有创造性的资源对待，而不是充当简单机械的信息翻译工具，被动翻译别人创造的信息。希望未来能有更多懂语言、懂文化的中国译者投入到内容创作之中。

记者：

您走访过中国的很多地方，也撰写了许多书籍，比如《南通故事》《发现苏州》《从贫困到富饶：甘肃美丽乡村蜕变记》等。这一过程中有哪些令您印象深刻的故事？这些书是如何对外讲述中国故事的？

大卫 · 弗格森：

我很享受写作给我带来的旅行机会，让我看到中国生活的方方面面。

在我受外文出版社邀请写一本关于南通的书之前，我从没听说过这个城市。南通的人口规模远高于我的家乡苏格兰，令我倍感震撼。接下来我写了一本关于苏州的书，苏州新旧交融、令人神往，既有保存完好

2020 年 5 月，由甘肃省商务厅主办的“甘肃省第一届直播电商带货大赛”在兰州启动，来自该省的多名主播现场直播带货（丁思 摄）

的古城，也有高科技园区，是中国现代化发展的典范之一。

2020 年底，我受邀到甘肃参加扶贫论坛，这是我第一次真正亲眼看到扶贫工作在农村的实践。电子商务在中国的脱贫和乡村振兴中发挥了巨大作用，基础设施的改善和在村里建立的电子商务企业，使村民们能够与国内市场甚至国际市场对话，这改变了许多村庄的经济前景。我产生了为甘肃做点什么的想法，《从贫困到富饶：甘肃美丽乡村蜕变记》一书由此产生，它详细介绍了甘肃已经和正在发生的事情。

我的书并不是某个城市或地区的综合性书籍，它们更像是一个缩影，从不同视角展现了当代中国的生活、商业、经济、环境和文化。对外讲述中国故事时，需要将世界看作一个大市场，中国则是向市场介绍产品的大公司之一。大公司做的第一件事情就是要审视市场，针对市场中的不同群体制定产品。中国也需要研究受众，将其分解成不同部分，有的关心经济、有的关心环境、有的关心文化。我的书在这方面发挥的作用虽然渺小，但我认为这就是需要走的路。

记者：

我们注意到，一些西方媒体“妖魔化”中国，由此造成了一些普通西方受众对中国的误解。您如何看待这种误解？面对这种“污名化”，您的工作是否发生变化？

大卫·弗格森：

“误解”（misunderstanding）是一件理性的事情，因为“误解”是信息匮乏或信息出入造成的，“误解”是可以通过提供更多更准确的信息来弥补的。中国目前面对的问题不是信息匮乏或信息出入造成的“误解”，“污名化”(stigmatization) 是一种更为准确的定义。

西方媒体和西方政客花费了大量的时间来寻找中国的错误，这是一种蓄意策划、故意制造的敌意。因此，中国试图通过诉诸理性的话语方式来解决这个问题是行不通的，中国需要一种截然不同的话语方式。

在我每次写关于中国的书时，我总是会先挑出西方批评的某些方面。例如，在写甘肃脱贫的故事前，我发现西方总是批评中国虚构数字，于是我在书中正面回应了这个问题。在我写《从“广东制造”到“广东创造”》的时候，我谈到了富士康公司遭受的批评。可以说，每当我写作时，我总是试图抓住西方批评的一个特定领域，并直接回答它。

我认为这很重要。因为西方采用的是一种咄咄逼人的对抗性话语，而从文化的角度来看，中国话语并不具有攻击性和对抗性。此外，国际话语是通过英语运作的，英语对中国来说是一门外语，对于一些最直接批评中国的国家来说则是母语。因此，像我这样拥有西方文化背景的人应该主动向世界介绍中国，我愿意为中国辩护。

记者：

在您看来，讲述中国故事如何引发心与心的情感交流？对外讲述中国故事需要注意哪些误区？

大卫·弗格森：

中国对外表达需要减少对正式政治话语的过度依赖，正如习近平主席强调的那样，用情用力讲好中国故事。讲故事是在情感层面上与人进行交往的方式，而这也正是应对西方国家制造敌意的方法所在。

转移批评、只讲好的故事，这是错误的讲故事方式。我认为现在中国媒体已经意识到，我们需要更好地讲述一个全面的故事。这就需要把中国当成一个动态的“视频”，而不是当作一张静态的“照片”。在“视频”里，我们可以看到现在所处的位置、已经取得的成就、将计划处理的事情，这是正确的方法。西方媒体则倾向于从“视频”中截取一帧，然后开始看图说话，挑毛病、找缺点。

记者：

自 2006 年来到中国至今，您目睹了中国的许多重大事件，以及各层面的巨变。您如何看待中国在中国共产党领导下发生的这些变化？

大卫·弗格森：

我从 2008 年 4 月底开始在中国网担任记者和编辑，仅仅两周后，汶川就发生了地震。我接到的第一项重要工作任务就是前往四川报道灾后情况，那是一段非常艰苦的经历，但我也看到了很多积极向上的事情。

地震发生后，我和同事们前往设在体育场内的受灾群众安置点采访。渐渐地，一群孩子开始跟我这个外国人一起玩耍。有一张照片非常有意思，那是我和孩子们的合影，背景是一群成年人。人们刚刚经历完一场大地震，但在那张照片里，每个人都在微笑。对我来说，这是中国人坚韧不拔精神的生动诠释。

这些年来，我看到了中国的很多变化，基础建设方面的变化最为突出。高速铁路网从无到有，改变了中国人的出行方式，对中国经济产生了巨大影响。在我看来，基础设施建设是脱贫的首要条件，能够将人员、产品等从一个地方转移到另一个地方。

我所看到的另一个明显变化是环境改善。15 年前我来到北京时，雾霾问题非常严重，后来有了明显改观。我写了一本名为《生态北京：绿韵新城》的书，书中详细介绍了中国为建设更美好、更绿色的北京推进的多项工作。

我认为最能概括以上变化的是面貌的变化。我真心认为，中国可能是世界上唯一一个人们在追溯过去时可以说“我比我的父母生活得更好”，在展望未来时可以说“我知道我的孩子会比我生活得更好”的国家。这创造了一种积极的信念、期望和前景，这可能是（我所看到的）最重要的变化。

记者：

您荣获首届兰花奖的“杰出成就奖”，这对您来说意味着什么？未来您有什么工作计划？

大卫·弗格森：

我很荣幸能获得这个颇具声望的奖项，我会努力成为讲述中国故事的积极力量。今后，我的主要任务仍将是编译中国在国际交流中的重要

北京大运河风景（杨可佳 摄）

著作。除此之外，我还想做更多的事。我在给中国的大学生们讲课时，经常谈到多支柱传播策略的重要性。正式政治话语显然是重要的支柱，但只是其中之一，还有很多其他支柱，例如主流媒体、商业媒体、社交媒体等。

好的故事并不是宣传。我认为中国提高讲故事能力的方法之一，是通过电影讲故事，这也是中国很擅长的一件事。当通过电影讲述故事时，信息不会被政客和外国媒体过滤，并可以直接与受众对话。我希望做的事情之一，就是说服一些有能力、有影响力的人，把我在中国采集到的真实故事拍成电影。

（来源：中新社　撰稿：黄钰钦、曾玥　2023 年 9 月）

颁奖现场　　访谈对话

大卫的中国之行
——寻找中国发展的密码

在华生活工作十余年，大卫·弗格森在中国城乡走过万里路，足迹遍布北京、广东、甘肃、江苏等地，2023年，他又深入浙江的大城小村。“刚到浙江的时候，我着实被它的先进和繁荣惊艳到了。”这是大卫对浙江的第一印象。通过实地采访“绿水青山就是金山银山”理念诞生地安吉余村、“垦荒精神”发源地台州大陈岛、宁波舟山港、义乌国际商贸城、吉利集团等地，大卫以一位外国人的视角进行观察，从民营经济、对外开放、数字经济、绿色生产力等角度切入，将所见所闻和思考成果写成了《潮涌之江：中国发展看“浙”里》一书。“如果要用一个词来概括浙江，我想我会用井然有序。浙江的发展涵盖了社会、文化和经济生活等，各部分的发展密切协调。”大卫说。

4

（埃及）伊萨姆·沙拉夫

Essam Sharaf

伟大的文明总是交相辉映，伟大的人民始终惺惺相惜。

他珍视中国和埃及跨越时空的团聚，

更欣赏上善若水、至德如兰的中国智慧。

他以政治家的领导力，引领中埃文明对话与共同发展，

推动实现人类命运共同体的梦想。

他以学者的影响力，倡导和而不同的中国理念，

推进人文交流与互学互鉴。

他驰骋在中非互利共赢的“一带一路”上，

推动中阿友谊如尼罗河水奔腾向前，

让沙漠绿洲跃动耀目“中国红”。

·埃及前总理

·沙拉夫可持续发展基金会创始人、主席

伊萨姆·沙拉夫
Essam Sharaf

伊萨姆·沙拉夫始终致力于推动中埃文明对话，其创办的沙拉夫可持续发展基金会长期举办对话会、研讨会等主题活动，推动中国和非洲文化交流、文明互鉴。他曾任国际儒学联合会荣誉理事长、国际智库研究员，与多个高校和学术机构建立长期合作关系，在埃及等阿拉伯国家以及部分欧洲国家组织研讨交流，致力于加强中埃文明对话与共同发展、诠释全球发展倡议、构建人类命运共同体理念。获首届兰花奖“杰出成就奖”。

我与中国
共同建设新世界

（埃及）伊萨姆·沙拉夫

2005 年任埃及交通运输部部长期间，我首次访问中国。当时，我对中国的印象是，这是一个不发达、贫穷的国家。然而，当我前往北京和上海等城市访问时，惊喜地发现这些城市与西方媒体的描述有着天壤之别。2014 年，在“一带一路”倡议宣布启动后不久，我再次访问中国，并以“新丝绸之路”和“中国梦”为主题进行了两次讲座。

在我看来，中国所取得的举世瞩目的成就与它的文化价值观密不可分。正是基于已延续了几千年的文化传承，中国赢得了“文明活化石”的美誉，无论在中国人民的行为和道德规范中，还是在建筑设计上，这些文化元素都得到了淋漓尽致的体现。

访华期间，我有幸结识了许多中国朋友，其中包括各级政府官员。他们对工作的严肃态度、他们的文化价值观以及致力于国家发展的热情让我印象深刻。除此之外，我还体会到了他们对埃及文明的赞赏和深化中埃友谊的渴望。

2014—2023年间，我赴中国访问总计约40次。虽然每次可能仅隔几个月，但我都会再次对中国取得的新进展和一如既往的稳定局面感到震惊。我认为，中国令人瞩目的经济和社会变革是人民与国家共同努力、上下一心的结果。亲眼见证了中国发展历程后，我对中国崛起为全球大国感到由衷的钦佩。

2023年4月21日，“中国式现代化与世界”蓝厅论坛在上海“世界会客厅”举办，沙拉夫出席论坛开幕式并致辞（殷立勤 摄）

近十年，我与中国的各类机构合作开展了一系列活动。尽管这些活动的性质各不相同，但始终围绕携手共建新世界这一愿景。正如大家所知，这里所说的“新世界”是中国国家主席习近平思想的核心理念，即人类命运共同体，它根植于中国传统文化思想中的“和而不同”思想，呼吁各国共同倡导尊重文明多样性、弘扬全人类共同价值、重视文明延续和演变、加强国际人文交流与合作。在这些活动中，我发表的演讲大多与构建人类命运共同体、中国式现代化以及“一带一路”倡议等主题相关。

2018 年 10 月，我参加了由世界文化论坛（中国 · 太湖）、中国人民外交学会（CPIFA）主办的“文化对话：构建人类命运共同体”活动，并发表了题为《全球大同之梦》的演讲，强调文化在建设一个持久和平、普遍安全、共同繁荣、开放包容、清洁美丽的新世界中所发挥的基础性、历史性、全局性等作用，该论坛的根本出发点是为“世界文明”的发展集思广益。

在 2023 年 7 月举办的“中国与世界：携手构建人类命运共同体”国际研讨会上，我强调了中国走向现代化的四大支柱——合作、和谐、和平、发展。我认为，中国向世界展示了一系列全球性倡议，包括“一带一路”倡议、全球发展倡议、全球安全倡议、全球文明倡议。我还说到，如果我们真的要建设一个理解、尊重与合作的世界——而不是一个某些国家占主导地位的世界——就应当遵循这四项全球倡议的指导方针，通过构建人类命运共同体，为基于规则的全球治理和践行真正的多边主义铺平道路。

“中国式现代化”这一概念有助于我深入理解中国的发展道路。在 2023 年 12 月举办的“读懂中国”国际会议上，我发表了题为《中国式现代化：从梦想到现实》的主题演讲。我结合中国几十年的现代化进程与被阐述为追求人民幸福和民族复兴的中国梦，阐述了现代化建设成就如何推动中国从一个比较贫穷的国家跃升为世界第二大经济体。我再次强调，这一成就为其他发展中国家提供了新思路：他们也可以通过充分利用自身的资源、优势和文化遗产来谋划成长和发展之路。

我与“一带一路”倡议的渊源也十分深刻。早在 2016 年 4 月的中国—

阿拉伯国家政党对话会开幕式上，我就发表过主旨演讲，不仅强调了中国和阿拉伯国家之间源远流长的友谊，回顾了两国政党交流取得的丰硕成果，还重点阐述了"一带一路"倡议的实际实施，并表示这一倡议寻求将两国关系的发展提升到一个新的高度。记得那是一个美妙的夜晚，我欣赏了引人入胜的《中阿情·丝路梦》舞蹈表演，舞者们用精湛的舞姿生动再现了各种历史故事，尤其是丝绸之路的传奇。

3 年后的 2019 年，在开罗中国文化中心的讲座上，我发表了题为《"一带一路"图景》的演讲，围绕古代丝绸之路和新丝绸之路，也就是"一带一路"倡议这个全球最重要的国际合作倡议展开讨论。通过详细介绍"一带一路"合作的五大支柱，我强调了民心相通及中国和埃及两国在促进人文交流方面的重要作用。

尽管此时距离"一带一路"倡议的提出已过了 6 年，但很多人对倡议的了解和认识仍然非常肤浅。不仅埃及如此，在其他国家也是如此，而这种现象很大程度上是由于某些西方媒体传播虚假信息所致。为了消除人们的疑惑，我就这一主题举行了系列演讲，其中一次在非洲联盟总部的演讲吸引了30多位非洲大使参加。此外，在伊拉克、约旦、沙特阿拉伯和希腊等国，我也围绕这一重要主题发表了演讲。在此期间，我发现人们对该倡议的了解非常有限，这也反过来彰显了这类活动的重要性。特别值得一提的是，在倡议中所提到的"软联通"方面，包括文明对话、文化交流和理念互鉴等，都引起了听众的强烈兴趣和关注。

2023 年，《习近平谈"一带一路"》阿拉伯文版出版了。在该书首发式致辞中，我表达了我的欣喜之情，并陈述了四点理由。首先，这本书的思想、论述和观点都来自深受各国人民敬重的中国国家主席习近平。其次，这本书的内容对我而言意义重大，因为"一带一路"

2023 年 9 月 5 日，伊萨姆·沙拉夫（左一）在敦煌莫高窟参观（段崴 摄）

倡议是我研究已久的领域，我参加过诸多与之相关的活动，还是“一带一路”国际合作高峰论坛咨询委员会的成员。再次，“一带一路”倡议是一个值得被反复强调的重要话题，该书的出版可以帮助国际社会了解“一带一路”倡议的目的、层次和重要意义，从而澄清某些国家别有用心的谎言。最后，鉴于“一带一路”倡议已取得了可圈可点的成绩，这一巨大成功值得被肯定、赞赏和载入史册。

在与中国的数十年交流中，博大精深的中国文化让我十分着迷。我的办公室摆放着中国的古筝、剪纸和折扇；我非常喜欢中国音乐，经常聆听旋律优美的民歌《茉莉花》；中国书法和绘画也是我的挚爱，一位中国友人曾赠予我一幅名为《富贵长春》的画，画中盛开的牡丹象征着人类对幸福的永恒追求；每当我作为嘉宾参观历史博物馆并了解到中国艺术藏品背后的故事时，敬畏之心总是油然而生；我曾多次受邀主持书画艺术展览的揭幕仪式，这个民族的独特文化展现了生机勃勃的活力，无论在何时何地与之邂逅，都让我震撼不已；我还逐渐喜欢上了以清淡和健康著称的中国菜，对中国人预防疾病的养生观念深感认同，甚至尝试过中医——不得不说，中医让我受益匪浅；我在微信注册了个人账号，与我的中国朋友保持密切联系；有时我还会和年轻的中国朋友合影和自拍，记录相聚的美好时光。

自我首次访问中国以来，我越来越清楚地认识到这一点：埃及和中国之间的文化相似性和共同理念在两国之间的战略关系发展中起着关键作用——不论在政治或经济领域都是如此。

众所周知，要真正融入和理解一个国家的文化，最重要的一点是在当地生活一段时间。尽管我从未在中国长期生活，但 2005 年以来频繁的访华经历让我对这个国家有了比较深入的观察。中国对我来说已经是个“老朋友”了，但每次访问看到的发展和变化还是让我感到惊讶。我和中国的故事不仅展现了中国日益开放的进程，更生动体现了中国在保护其丰富的传统文化、维护道德价值和公平正义等方面的不懈努力。

对话

埃中古老文明如何再相遇?

2023 年 9 月 8 日，埃及前总理伊萨姆·沙拉夫荣获由中国外文局发起设立的首届兰花奖“杰出成就奖”。该奖授予长期致力于国际文化交流、作出突出贡献的外籍人士。

年逾七十的沙拉夫先生已到访中国三十多次，他长期致力于推动中埃文明对话，支持并参与中国和非洲思想文化交流活动，对中国有着深厚感情。他表示，埃中关系非比寻常，历史上可追溯至连接两大文明的古丝绸之路时期，两大文明所创造的成果，对人类历史影响深远；双方在价值观和国际问题上有许多共识，应以共同价值观为基础，开展更加务实的合作。

埃及全身镀金木乃伊棺椁吸引参观者（张浪 摄）

记者：

您曾 30 多次到访中国，与中国结下了不解之缘。您最早何时来到中国，对中国的第一印象是怎样的？这次来到中国，您觉得有何不同？

伊萨姆·沙拉夫：

我在 2005 年担任交通运输部部长期间，首次访问中国。在此之前，我一直追踪中国的最新动态和工业化进展。此外，作为一名交通运输学方面的教授和研究人员，我始终密切关注交通运输业的发展，特别是铁路和海运领域。

说实话，我当初没有想过中国会取得这样的发展成就。2005 年结束访问回国后，我告诉埃及内阁和开罗大学的同事，自己见证了一个伟大国家的诞生。2017 年在中国进行 TED 演讲时，我也向在场的中国年轻人提及此事。

之后的多次访问中，出于各种原因，我对中国政治和文化产生了浓厚兴趣。我对中国的印象，现在可以概括为四个方面，一是实现中的中国梦，二是令人鼓舞、值得效仿的中国模式，三是未曾中断的古老文明，四是值得尊敬的治理体系。

记者：

您非常喜爱中国文化，中国文化哪些部分吸引到您？中埃两大文明各自有着悠久历史和灿烂文化，也有许多相通之处。您如何理解文化、文明的这种多样性和共通性？

伊萨姆·沙拉夫：

我对中国文化的所有方面都很有兴趣，特别是中国音乐和绘画。埃及和中国的关系非比寻常，历史上可追溯至连接两大文明的古丝绸之路时期。中国和埃及创造的文明成果，均对人类历史产生深远影响。

文明的多样性是一种客观现实。例如埃及人看到中国人用他们称之为“筷子”的物品夹菜吃饭会感到惊奇，但当我理解中国的餐饮规则后就不会感到奇怪。同样在埃及，我们吃着与中国不同的食物，以不同方式娱乐，用不同语言说话。因此，打破文化障碍非常重要，它是人们理解不同事物的基础。

打破文化鸿沟，其实是让人们更好地认识对方。这就是为什么我们要谈论音乐、书法、绘画等艺术，因为这样才能让人们进一步理解背后的文化内涵。

尽管如此，中华文明和埃及文明之间依然有许多共性，包括拥有共同的价值观和在国际问题上的相近立场。一方面，同为拥有深厚底蕴的文明国家，两国共享着一些共同的价值观，包括热爱和平与尊重他人。另一方面，双方在国际事务上有许多相近立场，例如在国际层面，两国均赞同以和平方式作为解决乌克兰危机的理想方案；在地区层面，中国支持埃及在巴勒斯坦问题上的有关立场，埃及坚持奉行一个中国原则。

最近这次的中国之行，我还参观考察了甘肃敦煌，游览了莫高窟、鸣沙山和月牙泉。这是我第二次来到敦煌，埃及也有与敦煌类似的自然保护区和古老的自然、文化遗产，比如沙漠中的湖泊，湖水中的物质有助于人体健康，这些都是非常值得发掘的共性。

记者：

多年来，您一直致力于推动中埃文明对话和文化交流。您为何想要做这件事？请为我们分享几个您推动中埃文化交流的例子。

伊萨姆·沙拉夫：

我一直从事文化领域的工作，特别是过去十年间主要研究东方和中国的变化，因为中国提出了被誉为“新丝绸之路”的“一带一路”倡议。两千多年前，埃及和中国就已通过古丝绸之路互联互通，因此当我们谈论这条“新丝绸之路”时，双方都很容易接受。

推动世界不同文明的和谐共生，需要将民心相通作为首要任务。我始终相信，拥有灿烂文明成果的中国和埃及，能引领世界朝这个方向发展。

我所创建的沙拉夫基金会非常关注中国议题，基金会在埃及举办了许多有关中国和“一带一路”倡议的讲座和活动。例如，基金会与中国驻埃及使馆合作推出了“认识中国”项目，为埃及民众提供了更好了解中国的途径。此外，基金会还与开罗中国文化中心合作举办一系列讲座和研讨会，比如埃及很少上映中国电影，而开罗中国文化中心会放映中国电影，我们邀请了思想家和文化领域工作者前来观看，他们看完都对中国电影的制作水平感到惊叹。

我希望向更多的人介绍中国的故事，这个独特文明的故事，以及这里淳朴善良、重视规则和尊重文明的人民。这就是我开始和继续这项事业的原因。

记者：

回望过去，历史上中埃通过古丝绸之路交往交流；近代以来，双方在反殖民、反霸权的斗争中相互支持；1956 年两国正式建交，埃及成为首个与新中国建交的阿拉伯和非洲国家。中埃友谊历久弥坚，留下哪些宝贵经验？当前，两国在哪些领域开展务实合作？

伊萨姆·沙拉夫：

始于两千多年前古丝绸之路的埃中交往历史源远流长，两大古老文明都给人类历史带来深远影响。今天，双方应在践行共同价值观的基础上开展更加务实的合作。

当前，埃及与中国在各领域的合作持续推进，包括交通、能源、工业和埃及新行政首都建设等。举例来说，通过合作，双方能从埃及苏伊士经济特区的发展中获益，尤其是发挥苏伊士运河这一交通要道在海上丝绸之路建设中的关键作用。与此同时，双方在深入推进工业化方面的合作也大有裨益。

2022 年 7 月 3 日，由中铁五局参建的埃及斋月十日城铁路顺利实现通车（谢永彬 摄）

第二个重要的合作领域是文化交流与互鉴。通过加强文化联系和文明对话，将造福中国、埃及和整个世界。我一直认为文化是国家最重要的财富，借助宝贵的文化财富，埃中两国共同落实今年中国提出的全球文明倡议，将有助于实现文明之间的理解和尊重。

记者：

今年是“一带一路”倡议提出十周年，您一直从事相关领域研究，如何看待当前中埃共建“一带一路”的意义和价值？您对未来共建“一带一路”有何期待？

伊萨姆·沙拉夫：

埃及和中国，通过古丝绸之路相接，通过优秀的文明遗产和高尚的人文价值观相通。我相信，这些连结是双方共建“一带一路”的关键所在。

“一带一路”倡议建立在对人类至关重要的两项基本原则之上——互联互通和伙伴关系。我认为，这两大支柱是构建人类命运共同体的重要组成部分，也是构建公正、公平、以对话为基础的国际关系，以规则为基础的全球治理体系和建立一个真正多边主义的世界所需要的条件。

总而言之，我相信“一带一路”倡议可以成为全人类共同前行的大道，这条道路具有如下特征：合作而非统治，共存而非优越，理解而非傲慢，信任而非偏见，开放而非封闭，对话而非对抗，平等协商而非恃强凌弱，文明相拥而非文明冲突。

（来源：中新社　撰稿：崔白露　2023 年 9 月）

颁奖现场　　访谈对话

埃及斋月十日城轻轨铁路

由中国企业承建的埃及斋月十日城轻轨铁路是埃及第一条电气化铁路，于 2022 年 7 月 3 日通车试运行。轻轨铁路位于埃及首都开罗东部，是连接开罗市区与新行政首都、斋月十日城和东部沿线卫星城的重要纽带，也是中埃“一带一路”合作旗舰项目之一。该项目一二期线路总长约 70 公里，共设 12 座车站、1 个车辆段和 2 座牵引变电所。列车采用 6 辆固定编组，最高运行时速为 120 公里。列车在起点站阿德利·曼苏尔站与开罗地铁三号线接驳，沿途经过阿布尔市、舒鲁克城、巴德尔城等，最终抵达新行政首都艺术文化站。项目由中方提供融资，采用中国技术和装备，由中埃两国企业共同实施。

5

（印度尼西亚）迪诺·帕蒂·贾拉尔

Dino Patti Djalal

国之交在于民相亲，民相亲在于心相通。

他是东南亚民间外交的开拓者，传承万隆精神，

谋求合作发展，促进人民守望相助、心心相印；

他是东盟—中国青年交流的领路人，

为区域“Z 世代”之间沟通了解、多元共生搭建桥梁。

他倡导以民间友好为纽带，

推动汇聚世界四分之一人口的巨大力量，

共创中国—东盟命运共同体的美好未来。

·印尼外交政策协会（FPCI）创始人、主席

迪诺·帕蒂·贾拉尔

Dino Patti Djalal

迪诺曾任印尼驻美大使、副外长，长期致力于推动东盟—中国、印尼—中国的文化交流和友好对话。他创办的印尼外交政策协会（FPCI）是印度尼西亚乃至东南亚最大民间外交政策组织，每年举办中国论坛，探讨发展动向、机遇与挑战等。FPCI 关注全球和区域共同发展，呼吁各国加强合作、坚持多边主义、加强开放融通。他组织开展东盟—中国关系年度民意调查并发布相关民调报告，发起多项国际青年活动，举办全球智库大会，为增进双边、多边沟通了解、交流合作搭建桥梁。获首届兰花奖“友好使者奖”。

中国和印尼

改革与和平发展之路

（印度尼西亚）迪诺·帕蒂·贾拉尔

毋庸置疑，中国是当今世界最重要的国家之一。作为全球货物贸易第一大国，中国也是世界第二大经济体。在人工智能和太空探索等关键领域，中国保持着领先地位。中国的古代哲学思想至今仍在全球产生深远影响，而中国美食更是享誉世界，独树一帜。

然而，中国却是世界上被误解程度最深的国家之一。部分原因在于，许多人心中仍然深深铭刻着一个以意识形态为驱动、闭关自守的农业国形象，无法看清当今中国的真实面貌：一个已经实现现代化，并以和平姿态崛起的大国，正在这个动荡的世界中努力扮演一个负责任大国的角色。许多人依然通过几十年前早已落幕的冷战思维来看待中国。当然，还有一个原因在于中国与大多数其他国家之间的人文交流和互动还可以做得更多——在政府之间的对话与合作之外，仍大有可为。民众之间的交往和互动是国家间十分有效的黏合剂，国家之间的交往会因此更加丰富多彩。

这也正是我在领导印尼外交政策协会（FPCI）开展工作中秉持的基本原则。印尼外交政策协会从无到有，如今已发展成为印太地区最大的外交政策团体，自成立以来，我们一直致力于建立民众之间的纽带和推动基层人文交流。

中国—印尼生态保护成果图片展在北京举行（田雨昊 摄）

基层的活力

推动基层人文交流正是我们发起全球智库大会、东盟—中国关系年度民意调查、中国论坛、“给中国写信”等倡议背后的逻辑。我们努力为普通民众，尤其是学生和年轻的专业人士，提供与资深外交官、高级官员及其他决策者对话的机会。同样重要的是，我们还为他们创造与中国及其他国家的同行交流和分享观点的机会。

我们的项目范围广泛，关注全球。我们密切关注中东和北非的局势以及可能升级并波及整个地区的战争进程；我们敏锐洞察东欧冲突，并思考通过政治手段结束战争的可能途径；我们持续关注人类为应对气候变化所做的努力；我们热衷于研究国家如何从历史困境中崛起，逐步成为能够对全球公共事务作出重要贡献的力量。因此，我们对研究中国问题特别感兴趣。

我个人认为，中国在整个东南亚的未来中扮演着至关重要的角色，从最近的东盟—中国关系年度民意调查结果来看，这一观点也得到了该地区许多人的认同。因此，虽然我个人早期就读于一所伊斯兰学校，但却将我的孩子送到英华学校接受教育。

始于改革

中国的故事兼具启发性和激励性。

自 1978 年起，中国开始进行改革开放。首先国家鼓励农民尝试创业，农村家庭联产承包责任制短短几年扩展到全国。简而言之，政府实施激励措施，人民则以积极的行动回应，于是生产力蓬勃发展。随着乡镇企业的活力和效率不断增强，剩余的劳动力向工业转移。随后，中国在沿海城市设立了经济特区，以吸引外资和进行技术转移。这些特区成为经济增长的引擎，帮助数千万人民脱离贫困，并使相当一部分人过上了小康水平的生活。中国积极接受市场规则，于 2001 年加入了世界贸易组织，进一步推动中国经济融入全球市场。

到了 21 世纪初，中国已经成为世界工厂。利用日益增长的财富，中国开始大力加强基础设施建设。这不仅为技术进步奠定了基础，还使中国在人工智能和太空探索领域崭露头角。中国与巴西、俄罗斯、印度和南非等共同组成的金砖国家（BRICS），成为当今世界上最具影响力的新兴经济体组织。作为东盟的积极对话伙伴，中国与东盟合作建立了世界上最大的自由贸易区——通过签署《区域全面经济伙伴关系协定》（RCEP）。

2013 年，中国国家主席习近平提出了“一带一路”倡议（BRI），这一倡议将亚洲、非洲和欧洲紧密连接起来，具有划时代的意义，对人类的影响不可估量。

印度尼西亚的复兴

印度尼西亚在 1997—1998 年的亚洲金融危机后也踏上了类似的复兴之旅，从一个经济负增长 13.5% 的落后国家发展为如今的中等经济强国。虽然不如中国取得的成效显著，但两个国家的发展道路有许多相似之处，印尼的复兴同样始于改革。

事实上，在亚洲金融危机后的十年里，印尼采取了强有力的举措，从而彻底改革经济结构并实现政治民主化，这一时期如今被印尼人充满自豪地称为“改革时代”。首先，政府通过从国际贷款机构争取货币储备金，使已经贬值到几乎一文不值的印尼盾保持稳定。随后实施了紧缩货币政策，以遏制通货膨胀并保护印尼盾。随后，政府削减短期公共开支，增加了税收收入，并积极展开反腐败斗争——这些措施进一步增强了投资者对国家经济的信心，同时也提升了印尼消费者的信心，成为经济增长的重要推动力。

然而，正如印尼前总统苏西洛·班邦·尤多约诺（Susilo Bambang Yudhoyono）曾在伦敦经济学院（LSE）演讲中所说：“人不能只靠面包活着。”这意味着，仅仅解决经济问题是不够的，我们还需要正确处理政治问题。因此，国家修订了 1945 年宪法，以反映新的民主意志，确保选举公正自由。如今印尼人民可以直接投票选举总统和副总统，公民自由权利进一步扩大，军队在政治中的主导作用不断弱化。政府

印度尼西亚庆祝独立日（李志全 摄）

实现了权力下放，将更多的权力移交给区域和当地政府。

在此期间，印尼还推动并通过了维护民主规范和价值观的《东盟宪章》，并创建了东盟政府间人权委员会（AICHR）。随后，印尼发起巴厘民主论坛（BDF），来自印太地区的代表在年度论坛上可以共同探讨如何更好地实施民主治理。我记得尤多约诺总统曾作出指示，强调巴厘民主论坛的组织者应邀请中国作为常规参与国，因为中国的治理实践有很多值得学习的经验。

追求和平与和解

中国与印尼在国家治理中有一个领域值得互相借鉴，那就是如何通过外交手段解决国家间的冲突。

印尼在 20 世纪 80 年代末柬埔寨和平进程中担任发起者，其作用和贡献得到国际社会广泛认可。印尼还与法国共同主持了 1991 年《巴黎和平协定》的谈判，该协定结束了柬埔寨的内战并促成了现代柬埔寨王国的诞生。

两年后，印尼代表伊斯兰合作组织（OIC）主持并促成了菲律宾政府与“摩洛民族解放阵线”（MNLF）之间的和平谈判。会谈以菲律宾与“摩解”阵线于1996年签署和平协议告终，这是双方血腥斗争历史上的一次转折点。

2005年8月，印尼在和平与和解领域取得了可能迄今为止最为辉煌的成就：与“自由亚齐运动”（GAM）在赫尔辛基签署和平协议。在谈判的幕后，时任总统尤多约诺密切关注并亲自参与了由芬兰前总统马尔蒂·阿赫蒂萨里（Martti Ahtisaari）调解的谈判。此举结束了长达30年的国内冲突，如今，亚齐是一个相对和平的省份，享有显著的自治权，并展现出巨大的发展潜力。此外，印尼对地区稳定还做出了一个相对低调但持久有效的贡献，那就是每年一度的“管理南海潜在冲突研讨会”。大约35年前，这个研讨会由我的父亲哈希姆·贾拉尔大使（Hasyim Djalal）构思并发起。虽然它并不旨在解决领土和主权争端，但为坦诚的对话、增进合作和建立信任提供了一个舒适的平台，开辟了一条远离武装冲突的解决路径。

研讨会产生的深远影响促使东盟和中国签署了《南海各方行为宣言》，为海域争端的管理提供了指导原则。

中国的和平倡议

中国在倡导和平与发展方面的声誉不断提升。在中国的积极斡旋下，2023年3月，中国、沙特、伊朗三方联合声明正式公布，长期对立的沙特阿拉伯和伊朗同意恢复外交关系，这一消息令全世界惊讶，也充分显示了中国在中东地区迅速增长的影响力。2024年7月23日，中国再次震惊全球，14个巴勒斯坦派别——包括不可调和的巴勒斯坦民族解放运动（法塔赫）和巴勒斯坦伊斯兰抵抗运动（哈马斯）——在中国的调解下签署了《北京宣言》，明确巴解组织是所有巴勒斯坦人民的唯一合法代表，同意组建临时民族和解政府，并承诺维护民族团结。这个案例极具启发性，当调解者技艺高超、处理得当，而各方也秉持真诚合作的态度时，天下没有不能和解的对头。

自2023年5月以来，中国与巴西已达成六点共识，并积极推动构建作为未来冲突政治解决谈判的框架。该共识强调需要缓解紧张局势、开展对话和谈判、提供人道援助、禁止使用核武器以及保障全球产业链、供应链稳定。中国政府欧亚事务特别代表李辉进行密集的外交活动，中国政府进行了一系列的努力，令人欣喜的是，中国于2024年8月初宣布，已经有主要来自南半球的100多个国家对该共识表示支持。

一些大胆预测

发展是两国未来的标志。正如那句耳熟能详的歌词所说，未来是我们无法预见的。我们确实无法准确预测未来，但趋势已十分清晰。一方面，中国的持续崛起将得益于经济增长、科技进步以及与全球南方国家日益扩展的关系。中国作为和平倡导者的新角色正是这种紧密纽带的一部分。另一方面，印尼正坚定地朝着实现“2045黄金印尼愿景”目标前进——即在成为主权国家的百年之际，跻身全球第四或第五大经济体。

佐科·维多多总统于2019年5月正式提出这一构想，但事实上这一梦想早已有之。11年前，尤多约诺总统在一次演讲中曾慷慨激昂地向全世界宣布：“我有一个愿景和梦想，到2045年，我们将享有真正

中资企业招聘会吸引印尼学子（李志全 摄）

强大公平的经济、成熟的民主，以及繁荣的文明。”一个更强大、更富裕的印尼自然将更有能力履行其宪法使命，帮助国际社会建立一个和平与公正的世界。

我相信中国和印尼都将坚定不移地向各自的未来目标前进。我也坚信，中国的发展与印尼的“黄金愿景”定能相互交融，从而惠及整个地区乃至全球。印尼外交政策协会也希望在这一建设性进程中能够继续发挥积极的作用，尽管我们所做的可能微不足道。

我们将继续寻求与各国民间组织，特别是青年团体的互动机会，促进国家间的相互理解与合作。我们将持续与全球的卓越人士保持沟通，以便他们能将自己的观点和智慧传递给广大人民。我们希望普通公民得到启示，从而赋能他们共同参与治理和开展民间外交。

当然，我们也将继续开展与中国相关的项目，同时进行调整和优化。

印尼外交政策协会的成员始终秉持这个理念：无论身居高位或平凡无奇，每个人都有责任为我们的后代创造一个更美好的世界，并为实现这一梦想不懈努力。

对话

发展东盟与中国友好为何至关重要?

2023年9月，印尼外交政策协会（FPCI）创始人、主席、印尼前副外长迪诺·帕蒂·贾拉尔荣获由中国外文局发起设立的首届兰花奖“友好使者奖”。迪诺长期致力于东盟与中国、印尼与中国友好关系发展，他缘何投身这一事业？为何认为发展与中国的友好关系至关重要？他有着怎样的“中国观”？

记者:

多年来，您不遗余力地投身发展中国与东盟、中国与印尼友好关系事业，是什么让您与中国结缘?

迪诺:

在我看来，中国已成为地区最重要的大国。这意味着，相比世界上其他国家，中国的政策会对亚洲国家繁荣产生更深远的影响。这与50年前形成了巨大对比，当时中国的经济发展对亚洲国家的影响并不大，亚洲国家更多受到美国、日本、欧洲和其他国家影响。因此，现在制定正确的对华政策，对印尼和东盟都非常重要，应正确地对待中国。这也意味着印尼和其他东盟国家必须重新调整心态和对华政策。我们现在面对的是21世纪的中国，而不是20世纪的中国。

对我自己而言，了解并与中国进行建设性接触，既是我参与外交工

在厦门举行的第二十三届中国国际投资贸易洽谈会上，首次参展的中印尼“两国双园”展馆前的舞蹈表演吸引参观者（吕明 摄）

作的职业需要，也是我的个人需要，我的三个孩子就正在一所英华学校学习。

记者：

您在促进对华友好关系发展方面成果丰硕，初心是什么？

迪诺：

印尼外交政策协会（FPCI）是亚太地区最大的民间外交政策组织之一。FPCI 的宗旨是促进国家间的民间往来和友好关系。FPCI 也许比其他同类组织更加积极，开展了诸如全球智库大会、东盟—中国关系年度民意调查、青年征文、中国论坛等活动。

这样做的原因，首先是我相信国家间的战略和政治互信，需要建立在以相互尊重和信任为基础的稳固民间关系之上。其次，稳固的民间关系更为坚固持久，可以经受住双方关系发展道路上的各种考验和磨难。毕竟，信任并非一朝一夕铸就，而是随着时间推移和反复互动来点燃相互欣赏的“火花”。在 2004 年印尼海啸、2008 年全球金融危机以及新冠疫情期间，中国对印尼的援助，就是通过持久合作、团结行动促成更牢固伙伴关系的典范。

记者：

您长期关注中国发展，投身两国文化交流事业，您认为中国近年来有哪些变化，可否谈谈您的“中国观”？

迪诺：

印尼曾经中断对华外交关系 20 余年，但时过境迁，曾经的对华看法已消失不见。中国近些年的发展，与东盟国家的未来休戚与共——中国的成功将造福东南亚各国，中国的危机也将是东南亚各国的危机。我认为中国在两个方面给我留下深刻印象。

一是中国的发展速度。中国建设基础设施和交通网络的速度比世界上任何一个国家都要快，这一点无可争辩，我无需多言。

二是中国向世界展现自己的方式。正如我在一些关于中国的演讲中所说的那样，中国不想成为美国，也不想成为欧洲国家或其他国家——中国只想做自己。中国能做到这一点，是因为其历史传承、发展成就、政治自信以及民族韧性。有些国家可能将中国的发展视为一种“威胁”，但对于印尼而言，中国的成功鼓舞人心，因为我们视之为一个同为发展中国家的伙伴取得来之不易的成功。我们乐于见到发展中国家成功，因为我们都曾被打败、被占领、被剥削和被压迫。

记者：

您曾出任印尼驻美大使，深入接触东西方不同的文明与文化。您如何认识当今世界变局，以及现时不同文明交往交流的必要性？

迪诺：

纵观我的人生与外交官生涯，学到的最好一课就是：当南北方国家、东西方进行对话与合作时，世界就会变得更和平、稳定、繁荣。人类不能消除差异，也不能解决每一件争端，但永远对和平协商保持开放态度，是稳定的国际关系的关键。

我还得出一个结论：每一个文明都是独一无二的，都对人类社会作出贡献，没有一个文明能宣称自己比其他文明更伟大。作为一个印度尼西亚人，我对前总统苏西洛说的一句话深信不疑，即印尼受益于多种文明的精髓——包括伊斯兰文明、印度文明、佛教文明、中华文明、西方文明与其他文明。印尼民族中所注入的这些文明内涵丰富了我们的生活。

促进国家与文明之间对话，我认为是我发起全球智库大会一个令人信服的理由。这一论坛面向南北方国家、东西方文明，欢迎与会者平等参与，不带评判或偏见。全球智库大会已来到第四个年头，这个线上全球对话已吸引了包括中国在内的 145 个国家共数千人参与。

记者：

您荣获首届兰花奖“友好使者奖”，对于未来中国与东盟、中国与印尼友好关系发展事业，有何展望？

迪诺：

我认为我们的事业前路光明。这是因为印尼与中国、东盟与中国之间已长期发展战略互信。此外，东盟国家与中国之间已广泛建立了基础设施建设合作，覆盖越来越多领域，造福越来越多民众。这种战略互信

2023 年 1 月 21 日，在印度尼西亚唐格朗一家购物中心内，庆祝即将到来的中国新年的花灯装置吸引一名女孩观看

在北京航空航天大学举办的“携手航行 共创未来”第八届国际文化节上，学生们在印度尼西亚国家文化帐篷开心地做游戏

绝非理所当然，而是用持之以恒的努力换来的。未来，无论是官方还是民间，我们要继续在相互尊重和平等相待的基础上实现紧密合作，强化友谊纽带。

（来源：中新社　撰稿：徐皇冠、王宗汉　2023 年 9 月）

颁奖现场

RCEP 激活中国与印尼经贸合作新潜力

《区域全面经济伙伴关系协定》（Regional Comprehensive Economic Partnership, RCEP） 是 2012 年由东盟发起，由包括中国在内的共 15 个成员制定的协定，并于 2023 年 1 月 2 日起对印度尼西亚正式生效。在 RCEP 项下，印尼在中国—东盟自贸区基础上，新增给予中国 700 多个税号产品零关税待遇，包括部分汽车零部件、摩托车、电视、服装鞋靴、塑料制品、箱包、化工产品等。中国也将对印尼产菠萝汁和罐头、椰子汁、胡椒、柴油、纸制品、部分化工品和汽车零部件等降税，进一步开放市场。

6

兰花奖
ORCHID AWARDS

（澳大利亚）甘德瑞

Carrillo Gantner

“志合者，不以山海为远。”

他以戏剧为媒，演绎古今中华，连接中西文化，

“为了澳中友谊”是他的职业信仰。

从昆曲、京剧到芭蕾舞剧，从木偶、杂技到当代话剧，

从古琴艺术表演到中西乐器合璧，

幕起幕落，皆是美美与共。

他集戏剧表演、导演、制作、传播于一身，

用四十余载光阴投身中澳艺术对话，跨越南北半球，

厚植友好情谊。

· 艺术家

· 西悉尼大学澳洲中国文艺研究会兼职教授

甘德瑞

Carrillo Gantner

甘德瑞曾任澳大利亚驻华大使馆文化参赞，墨尔本艺术中心主席。他在表演艺术和促进与亚洲文化交流方面作出积极贡献，参演、导演、制作 200 多部戏剧，推动《恋爱的犀牛》、苏州昆曲《牡丹亭》等大批中国优秀文艺作品在澳演出并取得热烈反响。同时，推动澳杰出艺术家到访中国。他热爱中华文化，通过艺术形式，呼吁加强中澳人文合作、推动两国文化交流。获首届兰花奖“友好使者奖”。

澳中文化交流
过去和未来

（澳大利亚）甘德瑞

我在中国的旅程缘起于艺术领域。

20 世纪 60 年代初，我在墨尔本大学读本科，是学生剧团的积极分子。受母亲的朋友迈拉·罗珀（Myra Roper）教授的影响，我那时就对当代中国产生了浓厚兴趣，她主要研究中国课题，是墨尔本大学女子学院的院长。

在美国接受专业表演教育后，应斯坦福大学之邀，我在戏剧系教了一年书，但我发现自己并不喜欢教学，不适合做老师。所以，1969 年我决定回到澳大利亚，起初在阿德莱德艺术节从事行政管理工作，积累了不少经验，一年后，我被任命为澳大利亚艺术理事会的首位戏剧负责人，再后来，在墨尔本话剧院当了几年总经理后，我与墨尔本大学时的一位演员朋友共同创办了盒子剧院（Playbox Theatre Company）。

经营盒子剧院期间，我不仅监制了多部新型澳大利亚戏剧，还在一些剧目中担任演员或导演，同时也找到了在中国表演艺术上发挥专长的路径。后来，我对艺术的关注还延伸到了整个亚洲地区。

1979 年，来自中国福建的木偶剧团在盒子剧院演出，这是第一个赴澳演出的中国剧团，木偶戏表演者娴熟的操纵技巧和幽默感让墨尔本和悉尼的观众大饱眼福。由于反响良好，中国驻堪培拉大使馆于 1980 年请我安排中国的杂技团在澳大利亚举行一次巡回演出，这对我们这样的小型现代剧团来说是一个巨大的挑战。同年，我和同事克利福德·霍金（Clifford Hocking）合作，随南京杂技团的 50 名演员在珀斯、阿德莱德、墨尔本、悉尼、布里斯班和堪培拉进行了为期六周半的全国巡演。观众对表演者们非凡的勇气、纪律、娴熟的操纵技巧和幽默感赞叹不已，艺术家们受到澳大利亚人民的赞美和欢迎——也只有艺术才能在两国人民心中如此迅速地架起友谊之桥，人们渴望能有更多机会了解这些艺术家的祖国。

1983 年底，我成功引进南京杂技团的 7 名业务骨干，为奥兹马戏团（Circus Oz）、飞果蝇马戏团（The Flying Fruit Fly Circus）的年轻杂技和形体剧演员及其他一些独立艺术家开展了为期 3 个月的强化培训。这个项目成效不俗，第二年又举办了一期。澳大利亚的年轻艺术家们从中国老师那里学到了具体的技能和动作技巧，更重要的是，艰苦的日常训练让澳大利亚年轻演员学到自律、勤奋和团队合作。学员们对中国老师和杂技艺术钦佩不已，中国艺术家也领略了西方先进的灯光和舞台技术，并结合澳大利亚人特有的幽默感和轻松的表演风格，促进了杂技融合风格的发展。

以这个具有开创性的南京杂技培训项目为契机，澳大利亚国家马戏艺术学院（NICA）随后也成立了。学院的第一任主管教练是参与南京杂技团演出和培训的吕光荣先生——我想不出还有哪位艺术家对

2019 年，澳大利亚旅行文化展在福州开幕（吕明 摄）

澳中双边文化交流的贡献能与他相比——他指导并激励了整整一代杂技艺术表演者和领导者。这些学生后来都成为世界著名杂技团的骨干，在表演形式上完美再现了中国传统形体技艺，在思想上尊师重道，而风格上又糅合了澳大利亚特有的幽默轻松。

我很喜欢中国的一句谚语，叫做“吃水不忘挖井人”。吕光荣先生和他的伙伴们就是“挖井人”。今天的澳大利亚杂技和马戏艺术家们已经是 1983—1984 年南京培训项目的第二代传人了，但他们勤奋刻苦的作风依然深受中国教学理念的影响。

1985 年初至 1987 年底，由于在中国文化交流活动方面取得的成功，澳大利亚外交部邀请我担任澳大利亚驻华使馆文化参赞，非常感谢他们让我这个门外汉担此重任，因为在此之前我只在文化交流领域的“具体关键点”上有不少第一手经验。当然，在中国工作期间我非常愉快，双方政府都对拓展和丰富双边关系十分重视并充满期待，渴望在各方面进行交流合作。我走遍了中国的大江南北，直接参与支持两国优秀的艺术团体、代表团、各种各样的独立艺术家之间互访交流，包括作家、音乐家、舞蹈家和画家等等。

来自中国和澳大利亚的艺术家——事实上可以说全球所有的艺术家——都是各自国家的杰出使者，因为艺术是人类共同的心灵语言。他们的交流目的不在于达成交易，也不是为了销售产品。他们带来优美的艺术，抱着开放的心态和慷慨的精神，以直率、敏锐、好奇的态度渴望学习和分享新观念。他们也同样理解，人际关系如同国家之间的关系一样，具有复杂多变的一面，因为正是艺术教会他们应该对细节和微妙之处持开放态度。他们广交朋友，珍惜新体验，用精湛的演出和作品给观众带来愉悦和知识，又把自己体验到的多样性文化带回家乡分享给身边人，并再次通过新的艺术创作影响到更多人。

在北京担任文化参赞期间，我有机会采访了中国现代戏剧宗师黄佐临先生，之后，我为上海人民艺术剧院（现上海话剧艺术中心的前身）导演了一部澳大利亚话剧。在我提交的众多待选剧目中，上海人民艺术剧院最终选择了澳大利亚剧作家杰克·希伯德（Jack Hibberd）的新剧《想入非非》（Stretch of the Imagination），这部剧以澳大利亚内陆地区为背景，剧中仅有一位人物——艺术家奥尼尔，以独白、身体形态和场景的变化呈现了他在生命的最后一天对于死亡和人生的思考，人物语言突出地方特色，还有不少俚语。100 多名艺术剧院的演员签订了永久演出合同，这完全出乎我的预料。

当时上海人民艺术剧院的艺术总监、中国剧作家沙叶新给我推荐了魏宗万先生，他是一位出色的演员，还精心组织了舞美、灯光等其他主创人员。中文剧本翻译由时任北京外国语大学澳大利亚研究中心主任胡文仲教授完成，他曾在80年代主持中国中央电视台的英语教学节目《跟我学》，早已名扬全国。记得在上海戏剧学院的一个房间里，我和中国的优秀艺术家一起合作排练了两个多月，这是我生命中一段美妙的创作时光。虽然我身边有一位出色的陪同翻译，但大多数时候，我能够通过身体示范、面部表情或声音模仿直接而迅速地与演员沟通。我们发现，我们说着相同的戏剧语言。

我在1987年底结束在中国的任期，回到了澳大利亚。我感到非常难过和不舍，因为我在中国的三年时光愉快而充实，极大地丰富了我的人生经历。我曾游历中国各地，结识了许多杰出的艺术家、官员以及普通人，并和他们一起合作，他们总是对中国日新月异的变化持积极态度。我最大的遗憾是，由于工作繁忙，我没有时间真正投入学习中文读写。

必须提到的是，在北京工作期间，我非常幸运地遇到了我的太太王子音，我们于2001年在澳大利亚结婚。子音毕业于北京电影学院导演系，如今是一名电影、电视和戏剧制作人。由于出身于戏剧世家，她对艺术充满热情。她的父亲是著名剧作家王正，母亲是儿童戏剧表演艺术家、中国儿童艺术剧院原院长、名誉院长方掬芬。我非常感谢我的妻子，她就是我的眼睛和耳朵，让我更加了解中国文化。我觉得拥有一个中国家庭非常幸福，因此我总是开玩笑说，我每天都在进行跨文化交流。

回到澳大利亚后，我于1988年重新担任墨尔本盒子剧院的艺术总监。除了制作新剧、到其他城市演出以及偶尔出国巡演外，我们很快就着手将一个啤酒工业的旧麦芽厂改造为一个充满活力的澳大利亚戏剧之家。这个新剧院包括三个剧场，其中最大的一个有500个座位。这个剧院综合体于1990年开始运行，当季就上演了八部新的澳大利亚剧作，其中五部由女性剧作家创作。

20 世纪 90 年代中期，我决定卸任盒子剧院艺术总监的职务。其后几年里，我偶尔会出演一些角色，在北京荣信达影视公司制作的一部中国电视连续剧中，我还出演了五集。大部分时间我都忙于担任文化部门的各种高级职务，第一个职位是墨尔本国际喜剧节主席。在那之前，这个艺术节从未邀请过中国艺术家，我下决心改变这一现状。第一年，我邀请了上海知名演员林栋甫参加墨尔本的喜剧节，观摩西方文化中非常流行的“单口喜剧”的艺术表现形式。次年，我们再次邀请林先生参加喜剧节并表演他创作的剧本，以幽默的方式展示中澳之间的文化差异。由于我们希望吸引当地的华人来观看表演，为此他会用英文和中文隔天交替演出。有趣的是，我发现中文演出比英文版更能引起观众的共鸣，幽默具有很强的文化属性，林先生的母语是中文，所以在用中文表演时，他能更微妙和准确地把握笑点。他第三次来参加喜剧节时，表演的是一位澳大利亚剧作家为他写的剧本，想突出当地人的幽默感，但反而不如他自己创作的描写个人生活经历的剧本效果好。通过每个不同的跨文化项目，我们都能得到新的感悟，从而知道下次如何做到更好。

在担任了六年国际喜剧节主席后，我被维多利亚州政府任命为墨尔本艺术中心主席。在艺术中心工作期间，我尽力确保亚洲表演艺术团体在节目编排中得到充分彰显。中国芭蕾舞团受邀三次在艺术中心登台演出，每次都好评如潮，总部位于墨尔本的澳大利亚芭蕾舞团也多次赴华演出，深受中国观众欢迎，他们也都是各自国家的优秀文化使者。此外，我们还组织了技艺高超的广州杂技团和数家中国省级表演艺术团赴澳演出。

在担任艺术中心主席的九年里，对我来说最有意义和激动人心的项目之一就是推动创办了亚太表演艺术三年展（Asia TOPA），首届展会于 2017 年举行，历时两个多月。来自整个亚洲地区的表演团体和艺术家集聚一堂，美轮美奂的演出、各种研讨会和文化交流活动精彩纷呈，大多数当地表演艺术团体都参与了亚洲同行在舞蹈、音乐、戏剧、马戏、多媒体和视觉艺术等方面的交流项目。

2025 年 2 月至 3 月，第三届亚太表演艺术三年展将在墨尔本举行，此次展会将呈现令人兴奋的联合制作和跨文化表演，来自包括中国在内的多个亚洲国家的艺术家将参与其中。此外，还将举办关于与各地区相关的文化问题的研讨会和论坛，以及令人耳目一新的当代深夜音乐节目。

澳洲观众希望看到更多展示和反映当代中国真实生活的演出。比较有代表性的一个是孟京辉导演的《恋爱的犀牛》，这出话剧讲述了当今中国年轻人的故事，参加了澳大利亚的三个主要艺术节，共演出了十几场，非常受欢迎。此外，在澳大利亚获得广泛好评的演出还有中国国家芭蕾舞团的《大红灯笼高高挂》和《牡丹亭》、中国儿童艺术剧院和墨尔本艺术中心合作的《龙之子》、广州杂技团的演出，以及以 2008 年四川地震为背景创作的现代舞剧《断层线》——该剧由四川乐山市歌舞团与新西兰著名编导合作创作，在墨尔本国际艺术节上演出。

澳大利亚有十分庞大且团结的亚洲侨民社区，尤其是来自中国和印度的移民众多，为我们国家的文化多样性和活力作出了巨大贡献。澳大利亚华裔剧作家、作家以及其他移民背景的音乐家等大批艺术家也开始在当地舞台上展示他们的作品，这极大地丰富了我们本土的表演艺术和文学，我们也应该向海外展示澳洲当代多元文化的现状。与此同时，许多当代优秀的澳大利亚本土艺术家的精彩作品和丰富的文

澳大利亚墨尔本举行中国新年庆典（王旭东 摄）

化遗产，也应当在视觉艺术和表演艺术领域得到体现，这些艺术家近年来在这两个领域都取得了显著成就。

此外，互惠是文化交流工作中的基本原则。每个国家都希望输出自己的文化产品，以塑造正面形象、赢得友谊并影响其他国家，但文化交流在双向互动中效果最好，而不仅仅是单方输出，这样双方的艺术家和观众都能从互惠中受益。如果我们从好奇心出发，对新体验持开放态度，而不是认为自己天下第一或固守自封，则大家都能从中得到新的收获。开放态度意味着艺术家们能不断探索新发现，从而提升专业水平。文化交流的过程不是销售产品或简单的物品交易，因此需要在漫长的时间中保持专注，明确目标，才能始终宠辱不惊。

令人欣慰的是，2024 年以来，澳中两国政府积极推动改善和重振双边关系，这一努力在各个层面都得到了体现，高层领导人和外交部长之间举行的高级别会晤就是最好的证明。

我对再次开始活跃的澳中文化交流活动感到非常高兴。据我所知，墨尔本交响乐团已经派遣了代表团访华。在墨尔本，我也接待了上海国际艺术节代表团。另一个令人振奋的消息是中国文化和旅游部邀请我在 2024 年 10 月率团进行为期十天的访问，参加上海艺术节、乌镇戏剧节并在北京演出。为此，我从澳大利亚各地精心选拔了一批资深表演艺术专家，包括亚洲表演艺术三年展的艺术总监、艺术中心的策划人、独立制作人和演出策划人。我们的行程包括观看表演、会见艺术家和艺术团体、参观培训学校，并与中国同行交流经验。我对这次访华议程充满期待，希望能推动双方的文化互动，加快双方文化的新一轮融合。我相信双方都将从中受益匪浅。

从事文化交流领域的工作就像在播撒友谊和创意的种子，不是每颗种子都能长成参天大树，但许多都会生根发芽，从而丰富我们后代的生活，并在未来使两国人民增进理解、拓展知识和巩固友谊。

正如我在前文所说，我很幸运地生活在两个国家和两种文化之间。我的中国朋友和家人亲切地称我为“老甘”，由于我与中国之间有着漫长而亲密的关系，我的澳大利亚朋友则会叫我“熊猫粉丝”。文化交流拉近了澳中两国人民的距离，所以我常说，我可以同时拥抱熊猫和考拉！

对话

澳中如何通过加强人文交流增进理解？

澳大利亚艺术家、前外交官甘德瑞长期致力于推动澳中文化交流与合作，他推动大批中国优秀文艺作品与澳大利亚观众见面，推动澳大利亚杰出艺术家到访中国。2023年9月，他荣获由中国外文局发起设立的首届兰花奖“友好使者奖”。

在澳大利亚倡导多元文化的框架下，如何通过加强澳中人文交流增进理解，推动两国文化繁荣？甘德瑞在专访中就相关议题提出自己的见解。

记者：

作为澳大利亚知名艺术家，您为促进中澳文化交流与合作做了哪些工作？

甘德瑞：

我第一次来到中国是在1977年2月。1978年，我率领首个澳大利亚剧团代表团访问中国，参观表演艺术公司和学校，观看各种演出。1979年，中国福建木偶戏在我担任艺术总监的墨尔本盒子剧院上演。木偶戏表演者娴熟的操纵技巧和幽默感让观众大饱眼福。

福建木偶戏在澳大利亚的成功演出也给我很大鼓励。1980年，南京杂技团访澳，并在澳大利亚巡回演出；当年，我随着50名杂技演员，在澳大利亚的珀斯、墨尔本、阿德莱德、悉尼、布里斯班和堪培拉进行了为期六周半的巡演。

1983年，我与江苏省相关京剧团的50名成员重复了这个巡演路线。在两个节目中表演9个京剧片段，以展示这一古典艺术的许多方面，如武术、歌唱、宫廷戏、杂技等。此类活动也进一步促进澳大利亚维多利亚州和中国江苏省的友好关系。

自1980年南京杂技团巡演以来，我一直致力于向澳大利亚年轻人传授中国的杂技技巧。1983年11月，该团7名杂技演员再次来到澳大利亚，为来自澳大利亚相关马戏团的年轻演员进行为期3个月的强化培训。艰苦的日常训练让澳大利亚年轻演员学到自律、勤奋和团队合作，对澳大利亚马戏、杂技和形体剧发展也起了促进作用：来自中国的技巧、训练纪律与澳大利亚的制作价值观、轻松的表演风格有机地结合起来。如今，这种融合风格已延续数批人，使澳大利亚的马戏团享誉世界。

1985年至1987年底，我担任澳大利亚驻华使馆文化参赞。这是我一生中最美好的时光，因为我能够走遍中国，看到各种各样的中国表演和艺术。我协助澳大利亚艺术家和澳大利亚芭蕾舞团等洽谈来华巡演，并在澳大利亚推广中国艺术家的作品。

1989年，我带了几位京剧老师到维多利亚艺术学院和学生们一起工作，向澳大利亚演员介绍非自然主义戏剧的不同古典形式的一些表演技巧。

此外，在我的推动下，林栋甫成为首位在墨尔本国际喜剧节上演出的中国喜剧演员。他轮流用普通话和英语表演作品。在重大节日上用中文表演对墨尔本来说是一件新鲜事。最近，我继续协助一些中国机构在墨尔本演出，包括中国国家芭蕾舞团、泉州杂技团等。他们的作品给澳大利亚观众带来惊喜、震撼、乐趣。

中国广西环江毛南族自治县“毛南音韵”艺术团的文化艺术交流演出在澳大利亚墨尔本白马市市政厅上演（张晓理 摄）

在过去十年里，我两次率领澳大利亚高级表演艺术管理人员代表团访问中国，举办有关澳大利亚戏剧的研讨会，与中国同仁分享知识和经验。积极成果之一就是将中国戏剧导演孟京辉的热门作品《恋爱的犀牛》带到澳大利亚多个城市巡演。我还邀请孟京辉到墨尔本的马尔特豪斯剧院一起执导，他选择排演德国戏剧理论家、剧作家布莱希特的经典名剧《四川好人》。后来，孟京辉带着另一部非常受欢迎的作品《两只狗的生活意见》再次来到澳大利亚，在墨尔本、阿德莱德相关活动中演出，当时的门票全部售罄。

我现在年纪大了，但仍然可以通过支持广泛的工作来为双边关系作出贡献。这些工作也将澳大利亚的艺术家与中国等亚洲国家的艺术家聚集在一起。

记者：

中澳两国如何通过多种形式的文化交流和文明互鉴来增进相互理解？

甘德瑞：

近年来，澳大利亚和中国之间有些许波折，新冠疫情也在一定程度上影响线下文化交流活动开展。我希望双方现在能够努力拓展人文交流，增进两国民众的紧密关系。

我认为，双方艺术家都是各自国家出色的“文化大使”，因为他们用“触及心灵的共同语言”进行直接对话。他们希望以开放的心态分享自己的艺术，并向对方借鉴、学习。这种沟通与分享，可以架起增进彼此认知和了解的桥梁。

艺术家是有影响力的人，可以激发他人对特定议题产生更广泛的理解。因此，澳中需要在支持文化交流方面做出更大的努力和投入。教育也很重要，为了和平与繁荣的未来，澳大利亚需要在中国历史、文化和语言的研究上投入更多。大量中国交换生和游客的存在，也有助于为澳大利亚人进一步了解中国，打开更多行之有效的大门。

人们也越来越意识到促进澳大利亚华人社区相关工作的重要意义。近年来，墨尔本艺术中心、墨尔本交响乐团、墨尔本剧院公司等都在与当地华人作家和戏剧艺术家合作创作方面做出了切实的努力。澳大利亚观众对华人社区的作品也越来越感兴趣。总体来看，成果显著，但依旧有很长的路要走。据澳大利亚相关机构此前统计，有超过120万华人居住在澳大利亚；他们在丰富澳大利亚的多元文化、促进经济发展等方面作出非常重要的贡献。

记者：

您如何理解中国优秀传统文化所具有的“包容性”与“和平性”？

甘德瑞：

中国优秀传统文化非常注重包容与和平的品质，这些价值观也融进中国现代外交政策，这是非常令人钦佩的。我还发现许多中国朋友的个人行为中也经常体现出这些特征：他们倾向于避免直接对抗，并且非常乐于接受他人的活动方式与特点。

我认为，和平与包容也是属于全人类的。我们都渴望自己本人、家庭、国家和整个世界的和平。我们希望生活中得到他人的宽容，希望他人慷慨地接受我们本来的样子。世界面临着各类艰巨挑战，更加使上述品质在个人和社会层面成为我们所有人生活的核心价值观之一。

记者：

您认为当前中澳关系面临哪些挑战和机遇？未来两国文化合作还有哪些拓展空间？

甘德瑞：

人们常说，澳大利亚面临的挑战是在其历史和地理之间做出选择。当然，这有些简单化，因为它忽略澳大利亚原住民在这片土地上已生活6万多年的古老历史。现代澳大利亚正经历着从最初的欧洲人定居点以

在澳大利亚悉尼板球中心举行的澳大利亚澳式橄榄球比赛开始前，场地中央上演了极具中国传统特色的飞龙表演（顾时宏 摄）

及通过大规模且多样化的移民人口增长，走向与亚太地区环境融合的过渡阶段。来自中国和印度等亚洲国家的民众正在改变着澳大利亚的人口结构，也影响着我们对澳大利亚未来的理解。

在与中国人打交道时，澳大利亚人必须认识到，虽然我们的历史、文化和制度迥异，但我们必须找到彼此互惠互利、和平相处的方式。这需要对教育进行大力投资。我们的学校课程目前仍然以欧洲为中心，而我们现在需要更多具有“亚洲素养”的年轻人来帮助我们深入了解未来。

澳中双方需要本着尊重和善意积极开展工作、促进共识、寻找共同利益、消除发展良好关系的障碍。两国都有着许多善意的人，他们希望看到合作和互利的未来。如果我们接受差异、尊重对方，并努力在各个交往领域建立更紧密的联系，未来将会非常光明，因为接受、尊重和合作是艺术和文化交流的本质。

（来源：中新社　撰稿：顾时宏　2023 年 9 月）

颁奖现场

澳大利亚掀起“中国犀牛热”

《恋爱的犀牛》是中国著名话剧导演孟京辉“爱情悲观主义三部曲”的第一部，自 1999 年以来已上演逾 1000 场，被誉为“恋爱圣经”。2011 年，经文化部和中国驻澳使领馆推动，应澳洲三大艺术节共同邀请，导演孟京辉携剧首次前往澳洲演出，受到了广泛关注：《澳人报》、ABC 等主流媒体大力报道，艺术节主办方通过户外海报、车身广告等方式为该剧宣传。该剧在阿德莱德的三场演出共吸引了观众近 2000 人次，并在当地掀起了“中国犀牛热”，出现了“一票难求”的场面。

7

兰花奖
ORCHID AWARDS

（俄罗斯）易福成
Taras Ivchenko

“师者，所以传道授业解惑也。”

十数载栉风沐雨、润物无声，化三尺讲台为文明传承的殿堂，

用中国语言文化的力量点亮世代友好之光。

他是俄罗斯汉学研究的先行者，

妙笔信达雅、潜心好文章，

用高水平的汉语教材促进中文国际推广。

学为人师、行为世范，

他始终努力做文化交流和沟通的桥梁。

· 汉学家

· 俄罗斯国立人文大学语言学院东方学系主任

易福成

Taras Ivchenko

易福成，北京大学古代汉语专业博士，俄罗斯汉语教师协会主席。他是俄罗斯汉学研究的先行者，长期致力于高水平本土教材的研发，主编的系列教材被俄罗斯广泛采用，深受俄罗斯汉语教师和汉语学习者好评。他策划并举办首届“俄罗斯汉语语言学及汉学”国际研讨会，是近年来俄罗斯该领域规模和影响力最大的国际学术会议。获首届兰花奖“友好使者奖”。

“师者，传道授业解惑”

（俄罗斯）易福成

“师”，贯穿在我的人生轨迹之中。

作为莫斯科第一家孔子学院俄方院长，我见证了院校创建与发展成长的全过程。从最初的 2 个班、40 人开始，经过 15 年的努力，孔子学院发展到 2022 年全年累计 71 个班、750 人的规模，已成为俄罗斯社会学习中文、了解中华文化和当代社会的重要窗口。我也因此获得中国国际中文教育基金会颁授的“孔子学院院长纪念奖章”。

华文教育的起点

语言是一种软力量，是民心相通的前提与保障，更是了解一个国家最好的钥匙。语言交流往往是文化交流的第一步，文化交流的广度与深度也需要以语言为基础。早在 1985 年，我到吉尔吉斯斯坦和哈萨克斯坦研究东干语言，后来逐渐开始接触汉语普通话。那时，我认识到语言不仅仅是一种符号，还是一种能让陌生人互相认识，继而逐渐理解、信任的神奇事物。

现代汉语研究是我开展华文研究的起点。在不断深入学习后，我逐渐对诸子百家产生兴趣，并开展相关研究。我认为，中国古文典籍传承至今，具有极高的文化价值，对现代人的日常生活也颇具启发，如在怎样提升自身美德、更好地生存发展等问题上，均给予公众精神层面的支持与指导。

我在研究古代汉语的过程中收获很多。古代汉语是汉语书面语的重要组成部分，其最大的特点就是言简意赅。古代汉语运用于诗歌和散文，可以达到回味无穷的境界。此外，古代汉语还适用于现代教学，是俄罗斯华文教学的重要组成部分。俄罗斯的华文课程包括古汉语、现代汉语，课程内容丰富且具有多样性，注重培养学生的综合能力。

我认为，俄罗斯汉语教学和研究工作者需进一步提高汉语教学水平，传播中国和俄罗斯文化，促进中俄文化和民间交流。

开启华文学习生涯

从在莫斯科大学旁听汉语课，到来华留学开启汉学研究，我的学术生涯发轫于赵淑华、郭锡良、唐作藩、何九盈、蒋绍愚、陆俭明、马真等大家的授课，并且深受各位老师的影响。

在华文研究的旅程中，我有幸与众多杰出的中国语言学家结缘，其中就有北京大学中文系的郭锡良先生，他不仅是我的学术导师，更是我前行路上的灯塔。专家学者们在华文研究领域的卓越成就，以及对待学术一丝不苟、精益求精的态度深深感染着我，至今依然是我教学与研究工作中不可或缺的指引和动力源泉。

我在北京大学上的第一节课，是郭锡良先生讲授《马氏文通》。

俄罗斯学生在2023年“汉语桥”全俄小学生中文秀比赛开幕式上表演武术（田冰 摄）

此后师从郭老先生，我在为人、治学处皆有收获。记忆里，郭老先生时常会在早上6点打来电话问“论文开始写了吗”，每逢星期二都会专门拨出时间与学生一起钻研学问，经常达到忘我状态，讨论问题到不顾吃饭的时间。

郭锡良先生是非常严格的老师，如果你没有做到一些事，他不会客气，会比较直接地批评你。郭锡良先生在生活上关心学生，在教学中循循善诱，在专业上严谨治学，他的耐心、细致和严谨的学术态度至今令我印象深刻。

书山有路，学海无涯

回到俄罗斯后，我发现汉语研究的圈子很封闭，开设汉语教学的学校很少。于是，我希望可以进一步普及汉语学习，让更多俄罗斯人进一步了解中国、认识中国。

2007 年 9 月 4 日，对外经贸大学与俄罗斯国立人文大学共同设立的俄罗斯国立人文大学孔子学院（以下简称“学院”）揭牌，这是莫斯科第一所孔子学院。对于我来说，学院的落成是我人生的一个分水岭。自此，我便担任学院的俄方院长至今。

我曾主持召开首届全俄孔子学院教学法研讨会，举办过“中国书画名家作品走进俄罗斯”书画展。但令我印象最深刻的，是作为汉学家代表，与中国国家主席习近平进行了面对面的交流。2013 年 3 月，习近平主席对俄罗斯进行国事访问。在最后一场活动中，他专门把时间留给俄罗斯汉学家、学习汉语的学生和媒体代表。看着这些中俄文化使者，习近平主席深有感触：“正是因为两国文化长期交流融合，中俄友好才根深叶茂。”那时，我就坐在距离习近平主席不远处。在我的印象中，

“汉语桥”全俄小学生中文秀（田冰 摄）

习近平主席对普希金、莱蒙托夫、托尔斯泰等俄罗斯文豪如数家珍，让我十分钦佩。习主席鼓励我们，努力做文化交流和沟通的桥梁。自此，我就把“架桥”视作学院的使命，带领学生们更深入地了解中国社会、中华文化。为此，在我的带领下，学院修订了教材，近年来还开办了口笔译课程，着力培养了解中国文化与国情的高端人才。

自 2013 年以来，“汉语热”在俄罗斯持续升温，俄罗斯国立人文大学孔子学院也迎来了“黄金期”。截至 2022 年 7 月，学院共培养各类学员 1.03 万人次，大部分毕业学员都在从事与中国相关的工作。学院已成为在俄罗斯，尤其是莫斯科民众中拥有良好声誉和口碑的优秀孔院。

2007 年至今，因为担任俄罗斯国立人文大学孔子学院俄方院长，我也有了“师者”的身份。我对学习的态度、理念，很大程度上受了郭老先生的影响，师承严谨治学的态度，我也是这样教授自己的学生。当下语言学习普遍存在“求速”的现象。大家都希望找到一个捷径，希望用一个特别有效、速成的方式学外语。这其实违反学习这个过程的本质。不能求速，也不能求量，必须得求质。我希望学生能真正找寻汉语学习中的乐趣。通过观察，我发现孔子学院的教学需要帮助学生克服汉语学习中的畏难情绪。汉字和中文发音虽然难学，但具有结构性和规律性，需要学生慢慢掌握，这是需要时间的，是一个比较漫长的过程。

我喜欢中国的道家与儒家思想。我认为，探索中国文化的关键在于找到其精神本质。我发现，中国文化中的许多内涵能体现当今世界发展的趋势，“天人合一”的思想就是一个很好的例子。从根本上来讲，中国文化的价值观与全人类的价值观是一致的，这也是我确信俄中两国人民可以相互了解、相互信任的重要原因。如今我办公室的门上挂着一幅书法作品，上面写有“学而时习之”，以此自勉。

我对“何谓‘学’”有着独到的见解。学是“效”，效仿老师。这种效仿不是机械的，而是认真仔细地学习老师为人处事的方方面面，从老师身上学到很多东西之后，还必须得以身作则。

书山有路，学海无涯。我对中国古代经典著作如数家珍，并由此养成了保持学习的习惯。从我接触的第一部经典《道德经》，到《论语》《孙子兵法》《三字经》，都是我汉学研究的启蒙，其中之“道”令我受益无穷。

身处百年未有之大变局，我认为，中华优秀传统文化中的许多智慧契合当今世界发展的趋势，例如“和谐”“共生”的哲学思维，又如“上善若水”“天人合一”的思想境界。中国的国学经典常看常新，其中的哲理指导人们认识世界、发现世界，更重要的是发现自己。

对话

华文教育如何浇灌中俄“友谊之花”？

作为莫斯科第一家孔子学院俄方院长，易福成见证了该院创建与成长全过程。历经 15 年发展，2022 年莫斯科孔子学院已有 71 个班、750 人的规模。如今，孔子学院已成为俄罗斯社会学习中文、了解中国文化和当代社会的重要窗口。

2023 年 9 月 8 日，首届兰花奖颁奖典礼在北京举行。俄罗斯汉学家、俄罗斯国立人文大学语言学院东方学系主任易福成获得“友好使者奖”。易福成在专访中讲述华文教育在中俄两国间发挥的独特作用。他表示，俄罗斯汉语教学和研究工作者需进一步提高汉语教学水平，传播中国和俄罗斯文化，促进中俄文化和民间交流。

记者：

从多年前在中文系求学，到后来成为汉学家、俄罗斯国立人文大学语言学院东方学系主任、孔子学院院长，你如何开展华文研究？这个过程带来哪些启发？

易福成：

现代汉语研究是我开展华文研究的起点，并在不断深入学习中逐渐对诸子百家产生兴趣和开展相关研究，对《道德经》《论语》《孙子兵法》等著作也都有所涉猎。

中国古文典籍传承至今，具有极高的文化价值，对现代人的日常生活也颇具启发，如在怎样提升自身美德、更好地生存发展等问题上，均给予公众精神层面的支持与指导。

我在研究古代汉语的过程中收获很多。古代汉语是汉语书面语的重要组成部分。它也适用于现代教学，如今包含于俄罗斯华文教学之中。

俄罗斯中学生学习弹奏中国乐器火布思（刘文华 摄）

俄罗斯的华文课程包括古汉语、现代汉语，课程内容非常丰富，这也体现了俄罗斯华文课程的综合性。

此外，在开展华文研究期间，我结识了以北京大学中文系郭锡良先生为代表的众多中国语言学家。其中郭先生是我的导师。他们在华文研究领域取得的成就，以及对待学术严谨认真的态度深深感染着我，至今对我的教学工作与研究仍起着指导作用。

记者：

中俄是山水相连的友好邻邦，两国人文交流日益密切。华文教育在中俄人文交流中发挥着怎样的作用？

易福成：

中俄关系发展良好，两国在文化、教育、经济等方面都开展了深入的交流合作。语言沟通在这其中无疑起了关键性作用。在俄罗斯，掌握汉语是获得商业和文化交流优势的捷径。

当前俄罗斯的中文普及程度很高，尤其在一些经济类、科技类院校，已经广泛开展汉语课程及相关文化活动。在孔子学院，课程包括学习中国手工艺、介绍中国传统哲学思想、开展中国名家名人作品讨论会等。

华文教育工作直接影响中俄人文交流的成效。作为四大文明古国之一，中国是唯一延续至今的国家，拥有连续完整传承的中华文明。

要知道，翻译往往会产生误差与延时，而借助汉语认识古代中国、了解现代中国，能更好地理解中国历史文化的连续性，洞悉中国当今的发展变化。因此，华文教育既是两国人民相互了解的关键，也在促进两国关系发展中发挥了重要作用。

当前，俄罗斯民众对汉语学习的兴趣正浓，希望未来能延续下去。

记者：

你主编的《汉语自学手册》等教材在俄罗斯被广泛采用，深受俄罗斯汉语教师和汉语学习者好评。在华文教材编写、汉语教学方面，你有哪些心得？

易福成：

华文教材为俄罗斯社会了解中国及中国文化提供了系统的知识。俄罗斯在华文教材编写方面强调系统性，汉语教学也对学生提供了系统性训练。

一般来讲，中国人介绍汉语特点时，往往会从汉字的字形、字音、字义入手。作为一种形、音、义三位一体的符号系统，汉字源于日月鸟兽之形。我们在编写教材、开展教学工作时，也遵循语言要素和言语技能的学习规律，让学生从开始阶段就明确汉字的字形、字音和字义的概念及特点，对汉字做出正确释义，帮助学生理解汉字背后的文化内涵。

有些华文教材编写工作者认为，华文教学一开始不要太复杂。但我认为，需要在起始阶段就把语言的实质教给学生。他们可能在初学时觉得吃力，但从长远来看，这更有利于对汉语的深入学习。

记者：

俄罗斯的华文教育在教学模式和教学方法上有何特点？俄罗斯孔子学院为什么会获得当地读者、社会的肯定？

易福成：

俄罗斯孔子学院是和中国高校共同合作的成果。长期以来，我们逐渐摸索到了最佳合作方式——不仅限于学生间的交流，还涉及教师间的教育交流往来。我们经常会在线上开展交流课程，在线下开展夏令营活动。

2023 年“汉语桥”全俄小学生中文秀比赛上，参赛选手“看图说话”（田冰 摄）

近年来，孔子学院不仅传播汉语，还传播中国文化，以及更广范围的知识。我想，这是孔子学院在俄罗斯比较受欢迎的原因。

人们相聚于此，在学习中收获知识，发展出长期、稳定、坚固的友谊。在这里，大家了解中国文化，在中国古籍中体会有关“尊重、包容、友谊和关爱”的人类共情。大家学习中国历史，见证“中俄友谊”的故事在此续写。孔子学院所承载的既是中国故事，也是俄罗斯故事，更是属于世界范围内友好交流、互学互鉴的故事。

记者：

俄罗斯华文教育发展有哪些经验值得分享？作为俄罗斯华文教育的重要参与者，你如何看待俄罗斯华文教育当前面临的机遇与挑战？

易福成：

“中俄关系世代友好”是俄罗斯华文教育发展的基石。在两国人文交流合作领域，通过加深对彼此历史文化、发展道路、教育教学方面的认识，深化华文在拓宽公众职业选择道路上所发挥的积极作用，才能更广泛地激发俄罗斯华文教育的普及与发展。

需强调的是，青年是中俄友谊的使者。两国青年在交流互访中，能够了解彼此特点，加深相互理解和信任，对优化两国关系的民意环境至关重要。重视青年群体的华文教育工作是我们当下的重要任务。

俄罗斯的中文普及度很高，但也存在汉语教育教材单一，师资力量有待进一步提高的问题。

具体而言，国际汉语教师需要具备一定程度的汉语水平及扎实的汉语教学能力，同时也要有跨文化的交际能力和系统教学组织能力。在语言文字教学方面，教师应重视吸纳古文字的研究成果，更深入地了解汉字知识，夯实学生的汉语基础。

此外，还要与时俱进，通过现代化的传播技术，开发更多适宜的数字汉语教材和汉字读物产品，让学习者更便捷地接触到专业的华文教育。

丰富汉语教材资源、巩固汉语教学师资队伍、提高自身的汉语教学水平、发展系统性的教学方法，以上是我们的目标，也是当前面临的挑战。

（来源：中新社　撰稿：崔白露、孙晨慧　2023 年 9 月）

颁奖现场　　访谈对话

俄罗斯国立人文大学孔子学院
——为中俄交流架设语言桥梁

俄罗斯国立人文大学孔子学院是莫斯科第一家孔院。在学院走廊上，可以看到一幅幅国画和书法作品，一张张中俄学生共度传统佳节的照片，一本本两国专家合作编写的汉语教材……处处透着中国元素。除了教授汉语课程，学院还组织学生们学习书法和国画、共度新春佳节、聆听儒学讲座，让学生全方位感知中国文化。“汉语体验营”是该院的传统活动。每年夏天，报名体验营的俄罗斯学生飞往中国，参加为期两周的文化交流，学习商务汉语课程，和中国学生交朋友，体验美食烹饪、传统手工艺等项目。

8

兰花奖
ORCHID AWARDS

（巴西）
路易斯·安东尼奥·保利诺
Luís Antonio Paulino

海内存知己，天涯若比邻。

他尊儒重教、集贤论道，

为中巴友好注入生机活力。

他在拉美热土上传播中华文化，

收藏中国图书，译介汉学经典，创办民间活动，

为葡语世界打开瞭望中国之窗。

他用文化、教育、体育等多元力量，

灌溉中巴友谊，沟通人民心灵，促进合作共赢。

相知无远近，山海有真情。

·教育家

·巴西圣保罗州立大学孔子学院巴方院长

路易斯·安东尼奥·保利诺
Luís Antonio Paulino

路易斯·安东尼奥·保利诺创办巴西首家孔子学院，并担任巴方院长至今。他致力于中巴教育领域交流，促成圣保罗州立大学孔院与中国高校开展学术合作；积极推动中巴两国文化教育机构合作，与上海图书馆合作在圣保罗州立大学孔院建成的图书馆，是拉美地区中国主题藏书最丰富的图书馆之一，以文化、教育、体育等多种形式为中巴友好交流注入生机和活力。他编辑出版的中葡双语期刊，面向巴西和其他葡语国家发行，为葡语世界读者打开一扇真正认识中国、理解中国的窗户。获首届兰花奖“友好使者奖”。

我和中国的故事

（巴西）路易斯·安东尼奥·保利诺

很多人都曾问我，你对中国的热情是如何产生的？追溯到记忆的深处，我第一次对中国产生兴趣是在 20 世纪 70 年代末，那时候我还很年轻。当时，我们在巴西为国家的民主奋斗，想结束在美国支持下通过政变在巴西持续了约 20 年的军事独裁统治。我们也希望巴西能实行社会主义，出于对苏联修正主义的失望，我们参考了中国的政治经验，将毛主席的著作作为理论指导。我们十分关注中国在支持非洲国家摆脱殖民统治的过程中所做的努力，以及在不结盟运动中的作用，因为那时我们已不再信任苏联，更不信任美国。

在我的图书收藏中搜索第一本关于中国的书，那是 1979 年，我在 24 岁时读到的由一家巴西出版社出版的葡语版《毛泽东选集》，也是我接触的第一本中国人写的书。我们当时花了很长时间研读毛主席的文章，对其中关于实践和矛盾、反对党八股的经典论述几乎烂熟于心。我想，中国革命和红军万里长征是一部真正的史诗，可以和任何气魄宏大并改变了人类历史进程的伟大壮举相媲美。

然而，直到2004年，我才第一次有机会和这个充满魅力的国家接触。2003年，路易斯·伊纳西奥·卢拉·达席尔瓦（Luiz Inácio Lula da Silva）当选为巴西总统后，我的朋友、巴西共产党联邦副议员阿尔多·雷贝洛（Aldo Rebelo）受邀担任众议院领导职务，他邀请我一起合作。接受邀请后，我从圣保罗搬到巴西利亚。2004年初，雷贝洛应总统邀请担任巴西总统府政治协调和机关事务部长，再次向我抛出橄榄枝。我最初在该部任首席助理，不久担任执行秘书，相当于副部长。正是在这个时候，我开始和中国进行正式接触。

2004年5月，卢拉总统首次访华。访问期间，中巴两国签署了多项合作协议，并在中国社会科学院拉丁美洲研究所（ILAS-CASS）成立了巴西研究中心。陈笃庆担任该中心的首任主任，他是最了解巴西的中国人。

两个月后，即2004年7月，雷贝洛部长和我出访中国，目的是落实卢拉总统5月访华时双方签署的一系列合作协议。我们于7月24日抵达北京，住在海淀区的钓鱼台国宾馆，中方安排的系列接待活动非常精彩，我们很快就感受到了中国五千年文明的独特魅力。

我们拜访了各部委，与一些企业和银行会谈，讨论中国在巴西的新一轮投资问题。北京的正式会议结束后，我们一行前往西安和上海。北京访问期间的所见所闻已经让我们目不暇接，而西安和上海之行则让我们见识了中国传统与现代之间的奇妙融合。中国这个文明古国以其灿烂多彩的文化为人类进步作出了巨大的贡献，当传统与时代变革相融合，即使穷尽想象，也无法预测中国今后繁荣昌盛的景象！

2005年，我回到圣保罗，第二年3月，我入职圣保罗州立大学（Unesp）任教，学校要求我提交一个研究课题，我提交的课题为“巴西与金砖国家：世界经济的发展战略和竞争投入——巴西、俄罗斯、印度和中国的比较研究”。从那时起，我在大学开展的所有研究都以中国、巴西及其双边关系为主题。

第六届世界绿色发展投资贸易博览会在江西南昌举行，民众参观巴西国家馆（刘占昆 摄）

2017年，我在晋升副教授时答辩的论文题为《中国：探索发展之路》。在该论文中，以毛主席1945年的一句话作为开篇语：“同时，我们还要告诉人民，告诉同志们，道路是曲折的。在革命的道路上还有许多障碍物，还有许多困难……世界上没有直路，要准备走曲折的路，不要贪便宜。”这段话来自《关于重庆谈判》，预示了接下来几十年里中国所走的道路。

我在文章中写道，中国的崛起是21世纪初最重要的经济和地缘政治现象。1820 年前，中国是世界上最大的经济体，但在 19 世纪中叶到 20 世纪中叶期间经历了漫长的衰落期。从 1840 年第一次鸦片战争到 1949 年新中国成立的百余年间，中国饱受来自帝国主义列强的外来侵略和内战之苦，沦为一个半殖民地半封建社会。

1949 年，中国终于结束了被侵略、被奴役的屈辱历史，随着新中国的成立，中国人民站起来了，在其后的 70 多年间，踏上了建设现代化国家的漫漫征程。然而，这条道路没有现成路线图可以照搬，中国必须从自身以及苏联“老大哥”的错误中汲取经验教训。

2007 年底，我已经听说了中国政府的孔子学院项目，在得知中方打算在巴西设立孔子学院后，开始积极参与相关筹备工作。

经过双方共同努力，圣保罗州立大学孔子学院（Confúcio Institute at Unesp）于 2008 年 11 月 26 日正式揭牌。

最初，学院设立在位于圣保罗市的公路原点主教座堂广场（Sé Square）校区的一栋教学楼内，我们和其他学院一起共享这栋楼，占据了其中整整一层。2009 年 3 月，我们招收了约 30 名学生，开始了第一堂课，但随着学生人数的增加，我们意识到需要扩大教学场所。2010 年，圣保罗州立大学艺术学院搬到了另一个校区，于是我们申请将该学院留下的教学楼作为孔子学院的新场地，学校对此十分支持。

2012 年，在花了将近一年的时间对原有建筑改造以适应我们的教学用途后，孔子学院有了更大的场所。新学院配备有七间教室、一个媒体实验室、一个文化中心、一个图书馆和一个报告厅。从那以后，作为巴西的首家孔子学院，圣保罗州立大学孔子学院的招生人数呈几何级数增长。

2023 年，我们开设了 328 个汉语班，学生总数达到 4523 名，通过孔子学院的奖学金项目派出 42 名学生到中国进行为期半年或一年的深造。在初期，我们的汉语师资力量主要来自孔子学院总部和湖北大学，如今，在与孔子学院合作的45名汉语教师中，有10名来自本地，他们几乎都曾在圣保罗州立大学孔子学院学习，2024年预计将有更多的本地教师加入教师团队。在近16年的办学过程中，我们为3万多名学生开设了汉语和中国文化课程，共派出约800名学生前往湖北大学参加学术和交流活动。

巴西对中国语言和文化的兴趣仍在持续增长。目前，巴西孔子学院的数目已达到12家。除了汉语和文化课外，我们开展了系列文化活动，每年与圣保罗市合作举办圣保罗中国电影展，举办中国音乐会、

2023年4月，中国国家大剧院管弦乐团首登南美，中巴联合音乐会亮相圣保罗

绘画、舞蹈和武术表演等各种活动，每场活动都能吸引数百名观众。2018年中国新年临近尾声时，我们举办了元宵节庆祝活动，还在圣保罗中央公园举办了一场音乐会，观众人数总计约4万名。

随着巴西对中国语言和文化的兴趣日益高涨，巴中两国的友好关系也不断深化发展，从贸易、投资到科技、安全、消除饥饿和贫困、文化体育、农业、环境、金融服务、通信、绿色经济和可再生能源等多个领域，双方都开展了全方位合作。

自2008年我任圣保罗州立大学孔子学院巴方院长以来，和中国的缘分进一步加深，访问这个迷人的国家也成为工作日程中不可或缺的一部分。自2013年中国国家汉办主任、孔子学院总部总干事许琳女士邀请我加入北京孔子学院总部理事会以来，我每年至少前往中国访问2次。从2004年算起，我已经先后20多次到中国参加各种会议，包括研讨会、学术会议和新书发布会等。几乎每次我都会去我们合作伙伴湖北大学所在的城市武汉，还访问了许多中国其他省市。

每到一个城市，我都能发现新的闪光点，中国文化的多样性就是如此令人着迷。我有幸访问过的城市包括北京、上海、武汉、西安、天津、成都、重庆、厦门、长沙、大连、曲阜、济南、长春、贵阳、广州、宜昌、景德镇、福州和澳门，通过参加各种学术会议和研讨会，我领略到独特的城市魅力，欣赏了无数历史悠久的名胜古迹，最重要的是，我还交到了许多中国朋友，他们都热情好客、富有创业精神、具有爱国情怀，我也感受到中国经济彰显的蓬勃活力。

2012年，我再次回到巴西政府任职，担任体育部首席顾问，我再次开始与中国政府深入交流——不过这次聚焦在体育领域。作为中国—巴西高层协调与合作委员会巴西体育部的代表，我于2012年前往中国参加文化分委会体育事务工作小组的第一次会议，并与中国国家体育总局副局长签署了体育领域的双边合作协议。由于当时巴西正在筹备 2014 年世界杯和 2016 年里约热内卢奥运会，我们对中国成功举办 2008 年北京奥运会的经验十分感兴趣。

我们分别在中国和巴西召开了两次体育事务工作小组会议。值得一提的是，我很高兴能够与中国奥林匹克委员会合作，为 2016 年将在里约热内卢奥运会上参赛的中国运动员在圣保罗找到了一个理想的训练场地。由于里约的正式比赛设施在开幕前 30 天才向奥运代表团开放，而中国代表团计划提前几周到巴西进行适应性训练，我们走遍了圣保罗市，考察了许多可用场馆，最终在圣保罗市巴西最大的华人社区附近为中国代表团找到了筹备训练阶段的场地。

2014 年世界杯结束后，我回到圣保罗州立大学孔子学院，继续开展学院的日常工作。

2016 年，在里约热内卢奥运会开幕前夕，我们在圣保罗州立大学孔子学院总部接待了一位中国官员，这是学院有史以来最重要的一次活动。在得知习近平主席或其他中国政府的高级别官员可能出席奥运会开幕式后，我们决定邀请他们访问我们学院，并安排汉语专业学生给习近平主席和刘延东副总理致以邀请信。

令我们惊喜万分的是，习主席收到我们的信后，请刘延东副总理作为代表，在前往里约热内卢前访问了孔子学院。这次毕生难忘的访问将永远铭记在学院全体师生心中。

尽管身处地球的另一端，我却时刻都感受到自己与中国的深厚情谊。无论出于对中国朋友的思念，对其悠久文化和巨大成就的向往，对其伟大领导人的钦佩，还是对中国成为今天所有国家发展榜样的仰慕，除了佩服、尊重和友谊之外，没有其他的词藻能表达我对这个伟大国家的感情。

当然，我认为即使作为好朋友，我们也并不需要在所有事情上达成一致，也不认为对中国有益的做法就一定对巴西有利，反之亦然。真正的友谊并不在于永远保持一致，而在于彼此信任。信任越深，友谊就越深。这种信任关系并非从天而降，它需要双方日积月累的经营和培养。这是一条双向奔赴的道路，需要我们以极大的耐心、恒心和奉献精神不断开拓和维护，这正是我多年来每天都在为之努力和奋斗的故事。

对话

汉语为巴西人搭建“梦想之桥”

他是巴西圣保罗州立大学中国问题专家，也是圣保罗州立大学孔子学院巴方院长，为促进巴中文化交流与合作作出杰出贡献。他是路易斯·安东尼奥·保利诺，很多中国人都知道他的名字。2023 年 9 月，他获得由中国外文局发起设立的首届兰花奖“友好使者奖”。

首个巴西孔子学院于 2008 年在圣保罗州立大学成立，保利诺担任巴方院长至今。据他介绍，圣保罗州立大学孔子学院迄今已累计招收学生 2.4 万余人，所举办的各类文化交流活动惠及 50 万人次，成为连接巴中人文交流的桥梁与纽带。

在谈及“中国印象”和未来期许时，他表示，未来要充分发挥孔子学院的作用，续写更多关于巴中两国交流交往的故事，促进巴中民心相通。

2023 年 6 月 19 日，巴西德馨双语学校里，巴西老师带着小学生们“划龙舟”迎端午（林春茵 摄）

记者：

2023 年巴西“六月节”适逢中国端午节，圣保罗州立大学孔子学院举办丰富多彩的庆祝活动，孔院还制作一艘“梦想龙舟”，我在现场看到，很多巴西学生写下想去中国留学的梦想。请问孔院成立 15 年来，您对自己的付出和收获有哪些感受？

保利诺：

过去 15 年，我对在巴西推广汉语和文化教育所付出的努力，感到行有所得、事有所成。15 年前，我在圣保罗州立大学孔子学院工作时，只有极少数人能够接触到汉语教学。即使在大学里，研究中国的人也是屈指可数，巴中两国大学间的学术交流更是鲜见。

如今，巴西各地已有十几所孔子学院，数以万计的巴西人正在学习汉语。从事中国问题和巴中关系研究的人越来越多，目前在巴的研究人员已超过 500 人。巴中两国研究人员合作发表的科学论文数量每年均在递增。这一切，是致力于深化巴中合作与友谊的人们努力付出的结果，我为此感到高兴。

记者：

圣保罗州立大学孔子学院多年来致力于中国文化经典著作的翻译及出版，相继翻译出版了葡萄牙语版本的《论语》《中国唐代诗选》《道德经》《南华经》等近十部著作，也培养了一大批青年翻译人才。您能谈谈这一段经历吗？对未来的翻译工作又有何具体计划？

保利诺：

如今，在巴西涌现出一批新一代的知识分子和翻译家，他们致力于将中国古典著作和当代作家的作品翻译成葡萄牙语。这非常重要，不仅可以培养大批懂中文、懂中国的青年，而且还能加深巴西社会各界对中国和中国文化的了解，推动巴中两国文明互鉴。

目前来看，翻译成葡萄牙语的中国作品还不够多，这也在一定程度上延缓了巴西民众进一步了解中国文学、传统文化等方面的步伐。出于这一考量，圣保罗州立大学孔子学院与圣保罗州立大学出版社合作，推动翻译和出版中国经典著作。未来会陆续推出更多中国经典著作的葡语版。

文化合作对其他领域的合作推进至关重要，因为它促进了人际交流，而这又是推动其他领域合作的基础。我们的工作是在巴西和中国之间建立尽可能多的桥梁，以便越来越多的人能够在这些桥梁上相向而行。

记者：

您曾担任巴西体育部高级顾问，全力推动中巴交流与合作。两国之间在体育方面有哪些交流与合作，也希望您谈谈所亲历的“奥运时刻”？

保利诺：

我曾于2012—2014年担任巴西体育部高级顾问，我当时更多的是参与2014年巴西世界杯的筹备工作。不过，在那个时期，巴西已为2016年里约热内卢奥运会的举办做准备了，我也有机会参与一些筹备工作。

2014年，我率代表团访华，并与中国相关体育机构签署体育领域的合作协议，此后我们又举行了几次联合会议，讨论在不同领域推进合作。

其间，我们访问北京市政府，与负责筹备2008年北京奥运会工作的相关人员进行交流；还访问北京体育大学，了解中国当年为奥运健儿所做的准备工作。这次交流对我们非常有益，为我们筹备里约热内卢奥运会提供许多借鉴经验。

2016年，我们与中国相关体育机构合作，为中国奥运代表团寻找适合的训练场地，因为他们需要在开赛前一个月来到巴西，并找到合适的地方来适应气候。这些经历都是我对“奥运时刻”的美好回忆。

记者：

您是知名经济学学者，曾供职于巴西政府。巴西总统卢拉4月率大型代表团访华。中巴两国元首8月出席金砖国家领导人第十五次会

2016 年 8 月 5 日晚 8 时，2016 年里约奥运会开幕式在巴西里约热内卢马拉卡纳体育场举行，中国代表团亮相（盛佳鹏 摄）

晤。在您看来，今年中巴高层互动频繁，对两国关系会产生哪些积极影响？

保利诺：

1974 年，巴西与中国建交。明年我们将迎来巴中建交 50 周年。巴西是第一个与中国建立战略伙伴关系的发展中国家，第一个同中国建立全面战略伙伴关系的拉美国家，也是第一个与中国双边贸易额突破千亿美元大关的拉美国家。目前，巴中关系正在快速向前发展，深化巴中合作关系符合巴西的利益。

当今世界，存在一系列需要发展中国家间更紧密合作去解决的问题，巴中两国在各领域合作共赢的机会只增不减。

卢拉总统今年 4 月访华为两国关系发展注入新动力。中国是巴西的

装运进口巴西大豆的货轮靠泊江苏南通嘉达码头

主要贸易伙伴，也是在各个领域中直接投资巴西最多的国家之一，尤其是在基础设施和制造业领域。两国领导人的频繁会晤不仅推动双边关系进一步加深，还给巴中两国商界人士带来更多信心，进一步增加双方在合作项目上的投资。

（来源：中新社　撰稿：林春茵　2023 年 9 月）

颁奖现场

巴西圣保罗州立大学孔子学院翻译出版《国际中文教育中文水平等级标准》葡语版

2024年是中巴建交50周年。为迎接“国际中文日”，巴西圣保罗州立大学孔子学院于4月推出由其翻译出版的《国际中文教育中文水平等级标准》（以下简称《等级标准》）葡语版。《等级标准》是首个以中国教育部、中国国家语言文字工作委员会名义发布的面向外国中文学习者，全面描绘评价其中文语言技能和水平的语言文字规范。该书共收录约1万个词语，以葡萄牙语列出本义及引申的所有义项，并提出了适用于葡语地区的一套语法用语体系，方便师生以双语理解词汇的准确含义，是极具实用价值的中文学习工具书和测评指导体系。

9

兰花奖
ORCHID AWARDS

（西班牙）雷林科
Alicia Relinque

语言是了解一个国家最好的钥匙。

她少时闻中华，

笃志修汉语，钻研古文学，译著广流传。

她是西班牙笔耕不辍的知名汉学家，

在中西互译中精益求精，在浩繁卷帙中如琢如磨，

用“刺手拔鲸牙”之心传递语言文化之美，

以穿针引线之力促进文明交流互鉴。

她将中国哲学、汉语文学、古典音乐、电影艺术

推广至西语世界。

·翻译家

·西班牙格拉纳达大学哲学语言系教授

雷林科
Alicia Relinque

雷林科钻研中国古代文学，笔耕不辍，长期致力于翻译中国古代文学理论专著、小说，以及元、明代戏剧家的作品，将《窦娥冤》《西厢记》《牡丹亭》《赵氏孤儿》等中国古典戏剧作品翻译成西班牙语，为增进中西文化交流作出积极贡献。她将中国翻译家林纾的《堂吉诃德》中译本《魔侠传》回译成西班牙语，开辟了“中译再西译”的先河，在西班牙文学翻译界引起很大反响。获首届兰花奖“友好使者奖”。

中西友谊50年
我亲历的故事

（西班牙）雷林科

中国和西班牙建交已逾50载。在这50多年中，我们见证了两国关系不断发展，文化交流取得了巨大进步，这也意味着对中国知之甚少的西班牙人能够发现和探索令人着迷且极具吸引力的中国文化，并从中受益匪浅。

在这半个多世纪中，西班牙的汉学研究发生了翻天覆地的变化，我想，在某种程度上，我的个人经历也是西班牙汉学研究发展历程的缩影。

1976年，我开始在马德里的一所中文学校学习汉语。当时，西班牙人对中国并不熟悉，大家或许听说过李小龙的功夫电影——我也是他的影迷——还对毛主席和他的政治成就有所耳闻，但除了几部诗歌和屈指可数的经典，几乎看不到其他翻译为西语的中国文学作品。说到这里，不得不提到玛尔塞拉·德胡安（汉名黄玛赛）（1905—1981），她的父亲是中国外交官黄履和，母亲是西班牙裔比利时人。

黄玛赛人生中大部分时光是在西班牙度过的，1948 年至 1983 年间，她翻译并出版了中国诗歌和短篇小说西语译本，堪称中西文学翻译第一人。近年来，她的文学形象和对西班牙汉学的巨大贡献重新得到认可，最重要的中西文学翻译奖“黄玛赛翻译奖”也以她的名字命名。遗憾的是，在马德里求学期间，我对她一无所知，到北京学习后才了解到她的成就。

当时，在西班牙人眼中，中国就像月球一样遥远且陌生，甚至仅仅“中国”这个词就让人望而生畏。1985 年，当我去西班牙外交部领取申请的第一份赴华留学奖学金文件时，一位工作人员好心地对我说：“你为什么要去那儿留学？要照顾好自己啊，去年有个去中国留学的学生精神出了问题，不得不提前回国，那里的生活太苦了。”

1985 年 8 月 14 日下午，我抵达北京。在西班牙认识的中国朋友李平来机场接我，他建议我们直接前往北京大学。

就在那天，我的预感得到了证实：中国人是世界上最热情好客和最善良的民族之一。由于我坚持先去一趟西班牙大使馆，再去北大时发现时间已经来不及了，李平说：“现在去北大，老师们也已经下班了，我和王女士商量一下。”王女士是他在中国石油天然气集团有限公司工作时的上司，他们一起来西班牙出差时认识了我。李平在电话里给王女士说了我的情况，没想到她毫不犹豫地说：“今晚就让阿丽西亚来我家里住吧。”初次来到这个遥远的国家，朋友们就张开双臂欢迎我，像家人一样关心我，于是，我在北京的第一晚是在中国石油天然气集团公司的大院里度过的。当然，我还是先去附近的派出所说明了情况。

多年之后，那天清晨的情景仍然历历在目。正值夏天，天亮得很早，由于时差，凌晨 4 点半我就醒了，很快，我听到王太太在叫我，她说：“你醒了吗？那我们一起出去走走吧。”在院子里散步欣赏日出时，

1985 年，雷林科在北大西门附近骑自行车（雷林科供图）

1985 年的冬天，雷林科在结冰的未名湖上打雪仗（雷林科供图）

我仿佛还在做梦，不敢相信自己竟然真的已经置身于中国，身边还有这样一位待我如母亲般的女士。石油大院环境优美，很多正在锻炼身体的中国人和我打招呼——这远远超出了我的想象——跑步的、打太极或练气功的、打篮球的……他们朝我微笑，好奇地向王女士打听我的情况，王女士不停解释说：“她是西班牙人，拿了奖学金来学习中国文学。”我永远不会忘记那个早晨。

上午 9 点，李平接上我一起前往北大，勺园留学生办公室的一位老师接待了我。她一眼就在名单上找到了我的名字——我是当年北大唯一一个西班牙籍新生。她向我问好，要到了我的护照，递给我一枚北大的徽章，说道：“跟我来。”她拿着一串钥匙，带我来到三号楼 418 室，介绍说：“你会和一个美国同学合住，但她下周才到。”我看到了属于自己的床、衣柜、书架、洗手池和一个热水瓶。她还补充说：“你运气很好，这个房间向南。”那一刻，我感觉回到了自己的家。后来，我在北大度过了人生中最快乐的四年。

由于提前报到，我还有一周的时间熟悉大学环境和学骑自行车。我从未想过自己竟能在如此美丽的校园里学习：景色秀丽的未名湖，传统古典的院系建筑，独特典雅的西门……四处都是美景，让人目不暇接，身边的人们友好而热情。

新学年开始了，我非常开心，因为有老师带我去“领取”教材。起初，我不太明白为什么是“领取”而不是“购买”教材。要知道，在西班牙和法国，书籍的价格都很昂贵（尤其是关于中国的书），我对书的热爱因此不得不大打折扣。在北京大学，我不仅有了温馨的寝室，还有免费的教材，这一切都让我喜出望外！接着就正式进入了课程学习，起初我有点胆怯，虽然已经在西班牙和法国学习了七年中文，但我的口语能力非常有限，对中文的了解仅限于书面语言——毕竟在西班牙很少能有机会说或听到中文。我当时可以选择两种类型的课程：一种是只和外国留学生一起上课，上课地点主要在勺园；另一种是与中国同学一起学习中文系的课程。

毋庸置疑，我最喜欢的科目就是文学和古代汉语。古典文学老师顾教授给我留下了深刻的印象，她总是笑容可掬，对学生非常耐心和蔼。我至今还保留着她给我们的第一本古代汉语教材——《古代汉语诗文选读（上、下）》。刚开始上课时，她引用了一位当时我并不熟悉的作者钱泳（1759—1844）在《履园丛话》里的一段话来教导我们：“后生家每临事，辄曰：‘吾不会做’。此大谬也。凡事做则会，不做则安能会耶？”我很快就明白了她的良苦用心。显然，她非常清楚学习古代汉语对留学生来说将是一段艰难曲折的旅程，我们肯定会经历想要放弃的沮丧时刻。即使到了今天，我仍然会遇到这样的时刻，但我永远记得这段话，当我觉得自己做不到时，就会对自己说：“不做则安能会耶。”

在北大学习的时间只有四年，这对我来说实在太短了，远远无法满足我了解中国的渴望。不过，这是我人生最快乐难忘的时光：严冬和酷暑中的彻夜苦读；第一次古代文学考试只得了85分后，我立志赶上；勺园食堂的中餐总是让我大饱口福，如今，每当在西班牙找不到好的中餐馆时，还会回忆起美味的肉饼和鸡蛋西红柿；图书馆阅读带来的愉悦，体育场上和朝鲜同学一起学武术、打太极拳、打手球和篮球的酣畅淋漓；我还结识了来自不同国家的朋友，毛里求斯、马里、苏联或印度尼西亚，对这些国家我之前几乎一无所知。

在此期间，我深切感受到了中国人的善良和热情。记得有一天，西班牙语系的段若川教授来寝室找我，她笑着对我说："我刚去过西班牙，还见到了你母亲，她托我好好照顾你。"仿佛一束温暖的阳

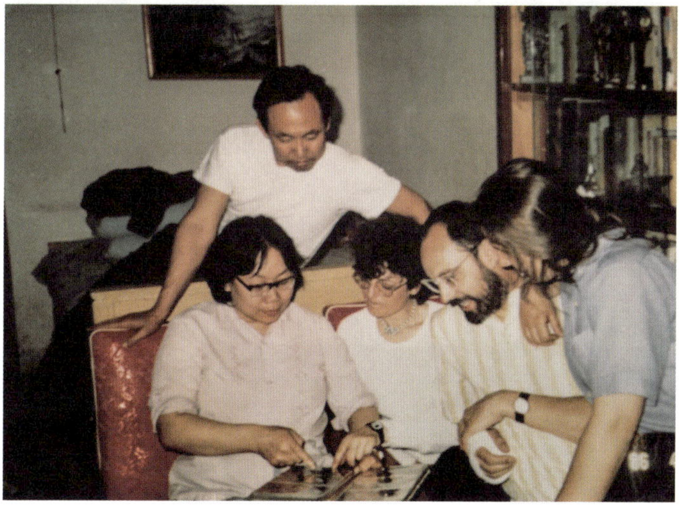

1986年春天，和西班牙文学研究专家赵振江、其夫人段若川以及两位西班牙教授在一起（雷林科供图）

光照进我的生命，从那一刻起，我就成为段教授家的一员。她和她的丈夫——杰出的西班牙语语言文学系教授赵振江先生——成为我的老师、朋友和我的中国家人，直到如今。

当然，我也会想家，但充实的学习生活和文学作品帮助我克服了思乡之情。记得那时我们刚学了一首王维的诗，我第一次尝试把中国古典文学作品翻译为西语。

九月九日忆山东兄弟

王维

独在异乡为异客，
每逢佳节倍思亲。
遥知兄弟登高处，
遍插茱萸少一人。

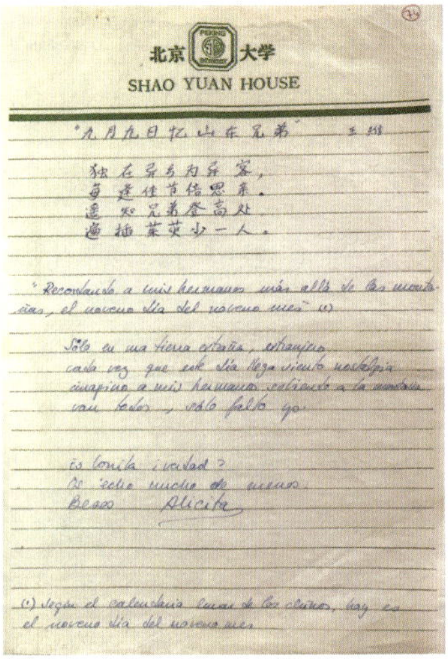
北京大学
SHAO YUAN HOUSE

“九月九日忆山东兄弟” 王维

独在异乡为异客，
每逢佳节倍思亲。
遥知兄弟登高处
遍插茱萸少一人。

“Recordando a mis hermanos más allá de las montañas, el noveno día del noveno mes” (1)

Sólo en una tierra extraña, extranjero
cada vez que este día llega siento nostalgia
imagino a mis hermanos subiendo a la montaña
van todos, sólo falto yo.

Es bonita ¿verdad?
Os echo mucho de menos.
Besos Alicita

(1) Según el calendario lunar de los chinos, hoy es el noveno día del noveno mes.

在我的家书中提到了王维的诗
（雷林科供图）

王维的诗句让我陷入了深深的乡愁。那时我到北京刚两个月，虽然感到无比幸福，但在课堂上读到这首诗时，也不禁想起了远方的亲人，我想母亲应该会喜欢这首诗，因为她总是教导我们六个兄弟姐妹要彼此相爱。回过头来看，这首诗的翻译算不上特别出色，原因在于我当时并没有意识到这首诗的形式之美，在译文中只传递了句里行间对家乡的爱和思念，而这正是我想给母亲传达的情感。很多年以后，我母亲仍然记得这首诗。

生活总是在记忆中变得更加美好。有人说，人们总是很傻，在回忆中才开始珍惜和怀念过去。但是，我在北京的每一天都对自己说："我多么爱这个城市啊！"很多年以后，当我重温那些我在中国给母亲写的信时——她如同珍宝一般保存了一生——发现自己总是对她说："我永远不想离开北大。"

然而，天下没有不散的筵席，学习结束，我不得不回到西班牙，开始人生的新阶段。这时，我的人生目标和任务已经十分清晰：在西班牙讲述我在中国发现和经历的美好。

博士毕业后，我进入格拉纳达大学任教。记得早年在马德里读书时，学到一则关于教师的中国成语"桃李满天下"，出自白居易的诗句，那时我本没有当老师的打算——我非常害羞，说话速度比较慢，无法在公众面前侃侃而谈——但这则成语如此优美，立刻打动了我的心。在我看来，教师能将知识传递给他人，再由他人传递给更多人，非常有尊严并且令人自豪，但我当时认为自己性格内向，无法胜任。从中国回国后，我曾应邀就博士期间撰写的关于刘勰《文心雕龙》（成书于501—502）的研究成果发表演讲。准备演讲对我而言本不是难事——我对刘勰的论著了如指掌，能从中提炼出很多有趣的内容——但最难克服的是我的"怯场"。演讲前夕，我几乎无法入睡，情绪十分紧张。不过，第二天讲座开始前，听完听众的第一个问题，我开始非常流利地开始向大家讲述《文心雕龙》的优美辞藻、作者的创作历程、作品中新颖的思想或与我们传统文化思想相似的理念如何引起我的共鸣。我感觉自己不是在讲课，而是在和一些与我志趣相投的人分享美好的事物。那时我意识到，我可以当一名老师，也许不算优秀，但至少我可以和听众分享在中国文学中所发现的美。

弹指一挥间，30 年过去了。如今，我还在从事中国古典文学、戏剧和电影、文学理论研究，以及最喜欢的文学翻译教学工作。我的“桃李”已成千上万，其中许多如今是我的同事、朋友，甚至也已经成为教师。能够真正感受到自己的“桃李满天下”，是我人生中最大的满足之一。

谈到翻译，这是一份自然而然开始的工作，自从开始学习古代汉语，我就把翻译视为不可或缺的一部分，因为在理解文本的过程中，就已经在下意识地进行翻译了。后来所有的事情都是水到渠成：撰写博士论文过程中，我选择对西班牙语和中国古典诗歌中的隐喻进行比较研究，当我尝试总结隐喻这一概念时，机缘巧合读到了刘勰的《文心雕龙》。起初，我并没有打算选择这个文本作为研究对象，但刚读了前几行，我就意识到了这部作品的重要性和深刻性。当时，除了中文原著，我只知道美国哥伦比亚大学教授施友忠（Vincent Shih）的英译版本［后来得知捷克汉学家奥德日赫·克拉尔（Oldrich Kral）也翻译过这部著作，但未能出版］。不过，也许因为自己的英文水平有限，我感觉这个译本比较晦涩，于是决定自己翻译西语版本，并于 1995 年出版了译著。这是我翻译的第一部文学作品，鉴于原著在文学史上的地位，译著也有幸得到了学界认可，并给我带来了良好的学术声名，这一切已经远远超出了我的预期，只能感叹自己非常幸运。

刚开始在大学任教时，由于需要为学生提供更多的翻译材料，我选择翻译中国文学经典中的部分诗歌和理论著作。后来，出版社开始和我联系，首先是西班牙最负盛名的出版社之一格雷多出版社（Gredos）邀请我翻译一些中国戏剧作品。他们给了我选择原著文本的自由，于是我先选择了三部重要的元代杂剧：《赵氏孤儿》《窦娥冤》和《西厢记》，后来陆续翻译了《金瓶梅词话》《牡丹亭》和《魔侠传》

（林纾翻译的《堂吉诃德》中译本的西班牙语回译本）。

对我来说，翻译过程始于对文本的分析和理解，正如陆机（261—303）在《文赋》中所说："余每观才士之所作，窃有以得其用心。"翻译时，我力求把握作者的原意，再现原著的文字之美，并能传达作者通过文字想表达的情感。

最后，我想再次强调，国家间的交流是由那些致力于促进两国关系的个人生活所体现的。西中两国曾见证过彼此关系的辉煌时刻，也经历了低谷期。近年来，西班牙人民对中国文化的热情日益增长，孔子学院在其中发挥了关键作用，成为推动两国关系的重要力量。西班牙已成为参加汉语水平考试（HSK）人数最多的国家之一。中国当代文学，尤其是科幻小说，也在西班牙文化舞台上获得了前所未有的关注，进一步加深了两国之间的联系。这些文化交流领域的蓬勃进展，也赋予了所有曾经和正在致力于创造美好人类未来的个人生命以新的意义。

对话

我为何要致力中西古典戏剧碰出火花？

从 1976 年开始，西班牙知名汉学家、翻译家雷林科女士的汉学研究生涯至今已近 50 年。她致力于翻译中国古代文学理论专著、小说及元明两代戏剧作品，开辟“中译再西译”的先河，在西班牙文学翻译界引起很大反响。中国国家主席习近平 2018 年在西班牙媒体发表的署名文章提到，“雷林科等当代西班牙汉学家笔耕不辍”，充分肯定她为增进中西文化交流作出的贡献。2023 年 9 月 8 日，首届兰花奖颁奖典礼在北京举行，她获得“友好使者奖”。

向当代世界读者介绍中国古典文学有何意义？中西戏剧在历史上有哪些碰撞？这对今天的东西方文化交流有何启示？向西班牙语读者回译中译本《堂吉诃德》有何价值？雷林科在专访中分享了她的理解和思考。

记者：

你从1976年开始学习汉语，当时因何与中国和汉语结缘？

雷林科：

当我还是个孩子时，我就喜欢学习其他语言。高中时，我最喜爱的一位文学老师在20世纪70年代曾造访中国，回来后对中国大加赞赏，花了整整一节课来谈论中国的人和风景。从那时起，我对中国产生兴趣，并决定去了解这个国家。且汉语和西班牙语是如此不同，再加上我当时对华人功夫明星李小龙的热爱，这些决定了我的选择。

记者：

你为何将汉学研究的重点放在文言文上，选择翻译中国古典文学理论著作和小说？这些作品对很多当代中国人来说都很难理解。

雷林科：

这并不是我从一开始就有意为之。在马德里时，我的中文老师冯竹梅（Feng Zhumei，音译）给我们展示了一首唐诗，虽然我现在已不记得具体是哪首，但我记得它描述了一幅山景，我不像是在“读”诗，而是沉浸在其中，更像在欣赏一幅画。后来我才知道，这就是王维的诗，苏轼评价为“诗中有画，画中有诗”。这让我爱上了唐诗。

但在当时，几乎没有关于中国古代诗歌的译本。既然我周围的人都不知道这么美的诗，我决定研究、翻译、分享。之后我在巴黎学习时，遇到了一些优秀的古典文学老师，让我确认了自己的决定。当我获得北京大学的奖学金，并前往中国留学后，对专门研究文言文就再没有疑虑。

据我所知，不仅在中国，在现代几乎所有国家，古典世界都被许多人遗忘了。但我相信，了解过去对人类至关重要。西班牙著名哲学家乔治·桑塔亚纳说过：“进步远非存在于改变之中，而在于记忆的能力……

如果像原始人那样记不住自己的经历，就永远无法获得成长。忘记过去的人注定要重蹈覆辙。”

如果这还无法说服新一代将目光转向过去，我建议人们也读读科幻文学。科幻文学中构建的许多未来故事，很多也是以过去为蓝本，比如神话故事。阅读古典文学作品的体验，就像很多科幻故事一样，给我们带来“时间旅行”般的感觉。

任何了解中文和中国文学的人都知道，中国古典文学提供了他想知道的一切，既有历史、哲学、语言知识，也有爱情故事、神话故事、鬼怪志异、士兵或旅行者的冒险故事等娱乐内容。中国古代文学雅俗共赏，能巧妙地运用智慧、幽默、讽刺等，形成独特的韵味。我每天都能从中国古典文学中发现、学习新事物，且乐在其中。

西班牙汉学家、翻译家雷林科在敦煌莫高窟参观（段巍 摄）

记者：

在“中国古典四大名剧”中，你翻译了其中的《西厢记》和《牡丹亭》，为何选择将它们翻译给西班牙语读者？

雷林科：

关于《西厢记》，我当时被邀请翻译一部中国古典小说或者戏剧。长篇小说非常耗时，所以我把注意力放在戏剧上，而《西厢记》是中国戏剧发展早期最有代表性、最完整的作品之一。

《牡丹亭》在2016年翻译出版，当时是被誉为“东方莎士比亚”的明代戏曲家汤显祖逝世400周年，而莎士比亚和西班牙小说家、剧作家塞万提斯也是同年逝世。当我读到这部作品时，立刻就被吸引，因为当时我虽对《牡丹亭》有碎片化了解，但未进行深入研究，我也对其中反映的明后期社会变化很感兴趣。无论从文学角度，还是从理解当时社会的角度，《牡丹亭》毫无疑问都是一部杰作。

另外，我当时还刚翻译完体裁风格完全不同的《金瓶梅》，我想看在同一时期，两种不同的体裁是如何表达爱情的。

记者：

西班牙戏剧有700多年的历史，中国古典戏剧从宋元时期算起，也有800多年历史。东西方的戏剧文化交流起源于何时？这种交流对中国戏剧和西班牙戏剧的发展有什么影响？

雷林科：

现在有一种说法是“清代前中期中国戏剧在欧洲流行”，我认为这是不准确的。第一部被译成欧洲语言的中国戏剧是元代戏曲作家纪君祥的《赵氏孤儿》，由耶稣会信徒马若瑟翻译成法语，在1735年出版。然而这只是因为《赵氏孤儿》的情节让人想起《圣经》中的一个故事。

后来又有几位作家，以这部作品中部分情节为基础，创作了其他戏剧，其中最著名的是伏尔泰的《中国孤儿》。但这些仍是纯粹的西方戏剧，只是以东方为背景增加异国情调，与中国戏剧截然不同。

我认为，直到20世纪初，东亚戏剧形式才真正为西方所知，才能说中国戏剧和西方戏剧之间互有“影响”。当时，来自东亚的戏剧形式以及一些表演者——如梅兰芳——才开始为西方所知，并为西方戏剧提供灵感。贝托尔特·布莱希特和安托南·阿尔托是两位决定性地改变了现代西方戏剧的戏剧家和戏剧理论家，他们都借鉴了中国戏曲。

当时中国戏剧也被西方现代戏剧的新形式所改变，比如结合了“第四堵墙”的表演惯例以及随之而来的现实主义。“五四运动”时期茅盾和老舍的戏剧作品就是很好的例子。

在这种互相对照的碰撞中，遥远形式的相遇产生新的事物。只有通过思想碰撞、看待世界方式的交流，才会诞生新事物，才会让我们都变得更好。

记者：

你将中国近代翻译家林纾、陈家麟在1922年翻译的《堂吉诃德》中译本《魔侠传》回译成西班牙语。这种另辟蹊径的方式有何意义？

雷林科：

2016年，北京塞万提斯学院院长易玛·孔萨雷斯·布依建议我把《魔侠传》翻译成西班牙语。而当时我并不熟悉这本书，我以为这个译本会像《赵氏孤儿》西译本一样，与原作情节完全不同。令我惊讶的是，尽管书名具有中国特色，但译本相当忠实于塞万提斯的原作《堂吉诃德》。

我发现，林纾的译本提供了阅读塞万提斯作品的一个新视角，也有助于强化对堂吉诃德原著的记忆，同时对理解译者使用的一些资源也颇有益处。总之，我认为这是一本非常有趣的读物。

一位西班牙读者告诉我，他认为林纾的译本比原著更有趣。我在翻译过程中“痛并快乐着”，对林纾的崇拜之情更甚。在我看来，时下一些对林纾译本的严厉批评完全没有道理，因为他成功抓住了小说的本质，赋予主角堂吉诃德更多尊严，同时向读者展示了堂吉诃德最浪漫的一面。

记者：

以你的经历和观察，近几年西语人群对中国文学作品的接受度与此前有何不同？兴趣点在哪里？

北大国际文化节上的西班牙留学生（易海菲 摄）

雷林科：

在西班牙，过去 15 年里，人们对中国文化的了解以及对整个中国的了解，都增加了很多。这与孔子学院的开设、尤其近年来中国文学界人才辈出有很大关系，如科幻作家刘慈欣、夏笳，西班牙人对其作品耳熟能详。中国文学的传播不在于“中国”，而在于“文学”这种形式，它可以是中国的、美国的、英国的，也可以是其翻译版本。此外，人们对中国文化的了解还得益于漫画和电子游戏的发展，其中兼具文学角色的历史人物，如刘备、曹操或诸葛亮，已开始被年轻人认识，他们对这些人物的冒险经历产生兴趣。看到这些游戏和新工具帮助人们更接近历史，进而帮助人们理解未来，是很有趣的体验。

不过，西班牙人对中国文化的了解还远远不够，一些难以消除的偏见仍然存在。尽管如此，我认为我们正在一点一点地进步。

（来源：中新社　撰稿：孙艳艳　2023 年 9 月）

颁奖现场　访谈对话

《三体》西语版广受追捧

在中国掀起科幻小说热潮的刘慈欣名作《三体》西班牙语译本于 2016 年登陆西班牙。《三体》西译本由 Ediciones B 出版，西文书名定为“El Problema de los Tres Cuerpos”。该书上市仅 3 天，便跃居西班牙科幻奇幻文学月度畅销书排行榜第二名，并于 2017 年斩获西语世界第二大幻想文学奖项——凯文奖 2016 年度最佳国际科幻小说奖，以及被誉为西班牙雨果奖的伊格诺特斯奖最佳国外长篇小说奖。

10

（日本）竹内亮

Takeuchi Ryo

影像是时代的语言。

家国天下、个体命运，

四季枯荣、万物生长，皆收入镜头，

以为记、以为念、以为审示和沉思。

他连续七年拍摄数百集作品，

真实纪录每一次交谈、每一份情感，

千人千面讲述旅居中国和日本的故事。

他向观众呈现脱贫致富的大凉山，赴十年之约重走长江，

以镜头语言分享人类与江河的相伴相生，

向世界传递中国精神和中国经验。

·纪录片导演

竹内亮
Takeuchi Ryo

竹内亮作为青年纪录片导演，持续七年拍摄纪录片《我住在这里的理由》数百集，记录住在中国的外国人以及住在日本的中国人的生活，增进两国民众相互理解和友好感情；纪录片《再会长江》，以“一名日本导演通过一条长江来看中国十年的变化”为主题，通过展现长江沿岸的风光和百姓生活，展现中国的经济社会发展；纪录片《好久不见，武汉》，展现疫情后武汉人真实的生活现状；纪录片《南京抗疫现场》，呈现疫情防控下南京人的生活与工作日常，展现中国人民在疫情面前表现出的团结与奉献。获首届兰花奖“友好使者奖”。

十年，再会！

（日本）竹内亮

我和中国的缘分，是从 2002 年开始的，当时刚开始做副导演，为了拍一部纪录片来到中国。此前，我对中国的印象仅来自三国演义，日本漫画家横山光辉的作品《三国志》深受日本人的喜爱。漫画里赤壁之战等传奇故事、江山如画的壮阔风景和鲜活的英雄人物都深深吸引着我。

如今，作为住在南京的一位纪录片电影导演，我已经在中国生活 10 年了。有些人觉得我是网红，有些人觉得我是纪录片导演，有些人觉得我是国际友人和友好桥梁，其实，这些评价都可以，我不在乎别人怎么看我，但也不想被标签化。作为纪录片导演，我不能伪装自己。如果自己都不真实的话，就没有人看我的片子。

为爱缘起

我第一次到中国时，看到了很多汉字，非常震撼。因为日本人也会用汉字，但是日语里的汉字大概占 30 %，第一次看到这么多汉字，既亲切又陌生的感觉。让我震撼的还有更多，我看到很多素颜的中国女生，他们与日本女生精心化妆不同，但很美；中国人的性格很真实，很直率地做自己……

但是真正与中国结缘的契机还是我的爱人。2005 年，我要拍摄中国游客的视频，但不会讲中文，所以通过朋友介绍，邀请到来自中国的留学生赵萍。当时，我们在办公室等她，突然，她开门走进来，整个人像在发光一样！她日语非常好，人很美，性格开朗，有责任心。那一刻，我一见钟情，我们开始恋爱了。

我想知道关于她的经历，她的祖国到底是什么样子……所以，我从那个时候开始认真学习中国的历史和文化。后来我跟赵萍结婚了，她是南京人，我时不时会去南京。每次看到长江的时候都很感动，觉得很大很壮观。

2010 年， 我开始策划为日本 NHK 电视台制作一档大型纪录片，名字就叫《长江天地大纪行》。这是我的“私心”，借由工作之名实地去了解中国。当时，还写了很多中国题材的策划，有大学生村官、世界遗产……2000 年到 2005 年，有关中国的节目越来越多，观众也想看。我在思考，能否从长江展现中国社会发展，因为长江横贯中国，从青藏高原到上海，一路上有自然风光、都市、农村、少数民族，包罗万象。

当时我用了一年拍摄展现 6300 公里长江风土人情的纪录片《长江天地大纪行》，“天”是航拍，“地”是地面拍摄，选取了很多有代表性的拍摄对象，在上海拍了比较成功的上班族，在南京拍了南京造船公司的人，想展现三峡风景的魅力时选择了船长。

那次拍摄留下一些遗憾，比如时间有限，当时凭媒体签证只能在华停留两个星期，因此不得不往返多次；再如，没能真正走到长江源

竹内亮在中日友好成人仪式上为两国青年送上祝福（侯宇 摄）

头拍到“第一滴水”；还有就是语言问题，当时我还不能用中文与采访对象直接沟通。

十年再会

十年前拍摄长江的遗憾，成为我重走长江的动力。十年前，长江对我而言如同“明星”，我就是“追星”成功的“粉丝”；十年来，长江变了，我也变了。我已经扎根南京，学会了中文。“再会”带着期待，续写十年前的故事。

我看过好几部中国导演拍摄的长江纪录片，我也很喜欢“君住长江头，我住长江尾。日日思君不见君，共饮长江水”这句话，但我并没有把它用到《再会长江》中，我认为一旦用到了影片里，就会形成类似中国导演的宏观视角。

《再会长江》是4亿长江沿岸居民的故事，也是我的故事。它记

导演竹内亮（左）与《再会长江》女主人公茨姆参加首映礼（刘嵘 摄）

录下我寻找十年前老友的过程，从上海出发，一路溯流而上，途经南京、武汉等城市，跨越6300公里，最终到达长江的源头。一路上，与曾经的他们重逢。那个抱着小羊羔在石头上坐等游客合影的藏族姑娘茨姆，十年后成为民宿老板娘；那个坚定要延续“走婚”制度的摩梭姑娘甄甄，十年后拥有了甜蜜的爱情，依然自由地在湛蓝的泸沽湖上泛舟歌唱；在长江边小村庄里渴望从军的彝族女孩杨芹会，十年后虽然没能穿上军装，但也搬到了城市结婚生子，期待给自己的孩子插上自由实现梦想的翅膀……

十年后的我，也终于可以走到镜头前，用中文和这些曾经相遇、彼此影响过的故人谈论过去和未来、遗憾和期待，感受日新月异的深刻变化，通过镜头展现出真实的长江、真实的中国。

出发前，我没有试图去联系他们，这样与他们相见的第一反应才很真实，再深入交谈又很惊喜，这些都不是演的。比如杨芹会，我们差一点就找不到她，即将放弃时，拍摄团队在船餐厅吃饭，跟老板闲聊才得到线索，并在老板的帮忙下找到了杨芹会家，而杨芹会母亲则告知我们杨芹会在浙江打工，最后通过视频跟她问好。

十年前，网络不这么发达，很多人已经换了电话号码，住处也可能搬了，所以找那时的人，需要费点周折，而这刚好也是时代变迁的一种表现。今后再拍找人的故事，可能就很难了，毕竟是网络信息时代，随便搜一下，几乎都能找得到。

期待下一程

我本是出于对长江的兴趣和“公费旅游”的私心才拍摄《长江天地大纪行》，又出于遗憾才萌生了《再会长江》的拍摄计划。然而，《再会长江》在中国多个城市的路演跑下来，不仅加深了我对水的了解，同时也令我发现，水对中国人而言意义重大。

在北京路演时，有观众问，长江对我来说意味着什么？

我本以为长江是中国人的母亲河，也就是我的“岳母河”。然而，每一个地方都有独属的母亲河。在北方路演时，好多观众跟我说，他们的母亲河是黄河，希望我拍一拍黄河；到了广东，那边的观众又说他们的母亲河是珠江，希望我下次好好拍一下珠江；而我到了苏州张家港的时候，观众又说，长江可以，但我们还有一个大运河……其实，6300多公里的长江旅途中，我在南京也拍了很多素材，是以我在南京生活的视角去拍摄的，有很多秦淮河的镜头。秦淮河，也是南京人的母亲河。

下一个十年，还会再去拍长江吗？《再会长江》的拍摄从2021年开始，直到2023年，电影在日本和中国先后上映，在两国的宣传也耗时近4个月，回到南京还要启动多个拍摄项目，等忙完这阵，关于水的纪录片，还要再策划策划。

有水的地方就有人，有人的地方就有故事。中国值得拍的内容还很多，我将继续以拍纪录片的方式探寻中国的魅力……

对话

一位日本导演如何拍摄真实的中国？

“因为我住在中国，我知道真实的中国是怎样的。我喜欢中国，当中国被不懂的外国人骂，我不开心，不服气，所以想把真实的中国传达给大家。”日本纪录片导演竹内亮接受专访时如是说。

2023年9月8日，竹内亮获颁首届兰花奖“友好使者奖”。他希望借助作品打破偏见，将中日两国的魅力文化介绍给彼此。

自2001年为日本NHK拍摄纪录片《麻将的起源》首次来到中国，这位来自日本千叶县的导演，已在近30个中国省份留下足迹，用镜头记录各地风土人情，以及人们跨越国界的羁绊和友谊。他曾被美国《新闻周刊》日本版评为“世界最尊敬的100位日本人”之一，在中国社交媒体平台拥有500多万粉丝。如今，他和妻子赵萍定居南京，创办“和之梦”文化传播公司，希望借助作品打破偏见，将中日两国的魅力文化介绍给彼此。

从《我住在这里的理由》到《好久不见，武汉》《走近大凉山》，再到《再会长江》《纵贯日本》，竹内亮善于从细节处追索，呈现流动的生命百态，让观众于笑语和热泪中徘徊。所谓宏大叙事、精致构图，一切都服务于纪录片的真实。

“纪录片导演，多多少少会将主人公引导向某个方向，不引导的话片子也没什么意思。但毕竟追求真实，所以我觉得在幕后引导，还不如在镜头前面操作。”接受采访时，竹内亮身穿其最新纪录片《纵贯日本》文化衫，操着一口流利的中文。传统日本纪录片，会尽量弱化导演的存

《再会长江》在北京举行首映礼（刘嵘 摄）

在感，他则走上另一条道路，主动出镜同拍摄对象攀谈，捕捉最真实、最性情的状态。

这种风格，同美国纪录片导演迈克尔·摩尔 (Michael Moore) 的手法颇有交集。竹内亮告诉记者，摩尔对真相的缜密追寻、极具个人色彩的幽默属性，扭转了自己过去对纪录片的概念。在 20 多年的拍摄过程中，竹内亮逐渐琢磨出一套个人拍摄法则——无台本拍摄。

“好多主人公拍完后会跟我说，今天就像跟导演一起玩，感觉不像被采访，这样可以吗？但是我想要的，就是这样的效果。”竹内亮坦言。

2020 年及 2021 年，他拍摄的疫情纪录片《南京抗疫现场》《好久不见，武汉》和《后疫情时代》，在中日两国引发热议。在外界曲解、污名化中国之际，该系列为世界观众提供了真实、客观的第三人视角。

中国外交部发言人华春莹对竹内亮导演不带偏见地、真实地记录中国走过的这段非凡历程表示赞赏。这个世界需要有人去传递真实情况和真实情感。

2004 年，26 岁的竹内亮在工作中认识了在日本留学的南京姑娘赵萍，对她一见钟情。成为一名中国女婿后，他对中国的兴趣越来越深，逐渐萌生来中国拍片的想法。坚持了两年，终于说服妻子赵萍，二人放弃在日本稳定的工作和生活，2013 年来到南京重新创业，妻子担任制片人。

《我住在这里的理由》是竹内亮“出圈”的作品之一，介绍了众多住在中国的外国人和住在日本的中国人。自 2015 年开播至今，已更新到第 341 集。跟着相声演员丁广泉学相声的日本青年西田聪、到武汉开咖喱店的日本爷爷岛田孝治、在贵州开农场的比利时小伙凯文……竹内亮团队次第拜访，铺开一段段异国他乡的见闻与感悟。

对于为何留在中国，他表示：“我住在这里的理由，就是《我住在这里的理由》。”这部纪录片的灵感源于妻子赵萍。竹内亮曾在片中坦言，是做给老婆看的，“算是我的情书吧”。

2021年，竹内亮履行自己的十年之约，重走中国长江沿岸6300多公里，记录下各地发展与变迁。十年前，还在日本NHK电视台工作的他，受命前往中国，拍摄了《长江天地大纪行》，成为他与中国缘分的纽带。

新纪录片《再会长江》中，竹内亮前往长江西源沱沱河，拍摄冰川融成“长江的第一滴水”；远眺宜宾高楼林立江畔、熠熠生辉的夜景；重游江豚保护基地，发现江豚明显增多、水质大幅改善……但改变不止于此。

“天上的飞机的路没有吗？”“一百多层的房子是怎么造出来的？”这是2011年，藏族姑娘茨姆初次邂逅竹内亮团队时的好奇。于是，征得茨姆母亲同意后，摄制组将其一家带往上海，见证长江另一头的世界。十年后，导演故地重游，发现当年梦想开“小客栈”的茨姆，已是一家高档藏式民宿经营者。细心的观众发现，茨姆在外滩所见震旦国际大楼顶端的AURORA字眼，变成了其民宿的英文名。

“十年前，茨姆的婚姻还是父母安排。十年后再见时，她的妹妹不仅上了大学，还可以自由恋爱。”竹内亮告诉记者，两次来到长江，最大的变化就是人的思想。

有网友在茨姆的故事下留言：“导演前后两次拍摄长江的时间，横跨了国家的脱贫攻坚行动，这比你能想到的拓展眼界的活动，都伟大而艰难。”YouTube上，茨姆的故事有近100万次播放量，为该纪录片单集最高。

曝光量的攀升，也将竹内亮卷进质疑甚至网暴的漩涡。面对一些日本网民的质疑，竹内亮在其网络账号上回应：“如果我拍法国好看的风景、法国的文化，我会被日本人说吗？不可能。”

日本东京，米哈游《原神》展台 coser 和围观拍照的游客

他告诉记者，网络上有比较极端的言论，但面对面的沟通中还从未遇到，他也不在乎。他更在乎的，是更多人看他的作品。

他说，在日本，“Z世代”年轻人和上一代对中国的印象完全不同。他们喜欢中国的时尚文化与高科技，如中国的化妆品、游戏《原神》、一些科技产品等。“最近，我去了日本一场非常大型的 Cosplay 活动，那里有好多人 Cosplay《原神》。”

比起做促进中日友好的使者，竹内亮说他更愿将自己定义为一名普通的跨国纪录片导演，他拍摄中国的初心和动力也很简单：“首先我喜欢拍摄，喜欢拍片子；第二喜欢拍中国，因为中国的风景挺漂亮，中国人挺好玩的；然后中国被别人说不好，我觉得不服气，就想去证明。”

他的生日，10月23日，恰是中日和平友好条约正式生效的日期。“这是一个偶然，平时的话我也没有在乎，”他说，“但想到生日的时候，也会觉得这是一个命运。”

（来源：中新社　撰稿：徐雪莹　2023年9月）

颁奖现场　　访谈对话

《再会长江》纪录片在日本上映反响热烈

2024 年 4 月 12 日起，《再会长江》在日本大阪、名古屋、福冈等地同时上映，并位列日本文艺片票房排行榜第二名，且热度持续走高。中国驻日本大使馆公使杨宇表示，相信《再会长江》将为日本各界人士和旅日侨胞了解新时代中国发展变迁提供全新视角。一位来自横滨的日本观众是竹内亮的忠实粉丝，“十年间，茨姆已经从在景区抱着小羊和游客合影留念的小姑娘变成了干练的民宿店老板，看了非常感动”。他说，这部影片体现了中国百姓的日常生活，在日本上映有助于促进日本民众对中国的理解。

图书在版编目（CIP）数据

汀兰沁香 ： 文明交流的使者． Ⅰ ／“汀兰沁香：文明交流的使者”编写组编． -- 北京 ： 外文出版社，2024. 10. -- ISBN 978-7-119-14065-0

Ⅰ． G125-53

中国国家版本馆 CIP 数据核字第 20243GA213 号

出版指导：胡开敏

责任编辑：蔡莉莉　祝晓涵
中文翻译：张　洁　张　虹（Hong Zhang Mautz）
中文定稿：李伟彬
特约编辑：王凤娟　张晓彤　朱迪秋　张子昕　邱艺宁　郭　蒙
图片编辑：刘　嵘　焦　非
图片提供：兰花奖秘书处　中新社　视觉中国　渡安视觉　人民画报　等
封面设计：星火实验室·王国庆　郭婉茹
内文设计：星火实验室·王国庆　武　琨
印刷监制：章云天

汀兰沁香：文明交流的使者 (I)

本书编写组　编

©2024 外文出版社有限责任公司

出 版 人：胡开敏
出版发行：外文出版社有限责任公司
地　　址：北京市西城区百万庄大街 24 号　邮政编码：100037
网　　址：http://www.flp.com.cn　电子邮箱：flp@cipg.org.cn
电　　话：008610-68320579（总编室）　008610-68996167（编辑部）
　　　　　008610-68995852（发行部）　008610-68996185（投稿电话）
印　　刷：北京盛通印刷股份有限公司
经　　销：新华书店 / 外文书店
开　　本：787mm×1092mm　1/16　印　　张：12　字　　数：150 千字
版　　次：2024 年 10 月第 1 版第 1 次印刷
书　　号：ISBN 978-7-119-14065-0
定　　价：68.00 元

版权所有　侵权必究　如有印装问题本社负责调换（电话：68996172）